Sammlung außerdeutscher Strafgesetzbücher in deutscher Übersetzung

Herausgegeben vom MAX-PLANCK-INSTITUT
für ausländisches und internationales Strafrecht in Freiburg i. Br. durch
Professor Dr. Dr. h. c. mult. Hans-Heinrich JESCHECK
Professor Dr. Dr. h. c. Albin ESER und
Professor Dr. Dr. h. c. mult. Günther KAISER

CVI

Strafgesetze der Islamischen Republik Iran

1996

Walter de Gruyter · Berlin · New York

Strafgesetze der Islamischen Republik Iran

Übersetzt und eingeleitet
von
Dr. Silvia Tellenbach
Max-Planck-Institut
für ausländisches und internationales Strafrecht,
Freiburg i. Br.

1996

Walter de Gruyter · Berlin · New York

Gedruckt mit Unterstützung der Gesellschaft für Rechtsvergleichung

∞ Gedruckt auf säurefreiem Papier,
das die US-ANSI-Norm über Haltbarkeit erfüllt.

Die Deutsche Bibliothek – CIP-Einheitsaufnahme

Strafgesetze der Islamischen Republik Iran / übers. und eingeleitet von Silvia Tellenbach. – Berlin ; New York : de Gruyter, 1996
(Sammlung ausserdeutscher Strafgesetzbücher in deutscher Übersetzung ; 106)
ISBN 3-11-014884-6
NE: GT

Printed in Germany
Druck und Bindung: WB-Druck GmbH, Rieden a. Forggensee

INHALTSVERZEICHNIS

III. Anhang

EINLEITUNG

1. Die Wiedereinführung des islamischen Strafrechts in Iran

Unter dem Jubel der Massen zog Ayatollah Khomeini am 1. Februar 1979 in Teheran ein, nachdem eine Volkserhebung die so stabil scheinende Herrschaft des Schahs Mohammed Reza Pahlawi binnen weniger Monate hinweggefegt hatte. Im Laufe dieser Erhebung, die von einer breiten Front politischer Kräfte getragen worden war, hatten die geistlichen Führer immer mehr an Bedeutung gewonnen; die Errichtung eines islamischen Staates war zur Losung geworden, die den Wunsch nach einer besseren Zukunft ausdrückte. Nachdem Reza Schah Anfang der zwanziger Jahre die Qāǧāren-Dynastie abgesetzt und die Macht an sich gerissen hatte, versuchte er in atemberaubendem Tempo, seinem großen Vorbild Atatürk nachzueifern und das Land zu verwestlichen. Mag es auch eine kleine Schicht gegeben haben, die sich rasch an diese Lebensformen gewöhnte, so bedeutete doch die Überflutung mit fremden Einflüssen, materiellen Gütern und Ideen für die große Masse der Bevölkerung eine Entwicklung, der sie oft ablehnend, ja verstört gegenüberstand.

Ein wichtiger Sektor, in dem Reza Schah die Verwestlichung durchsetzte, war das Rechtswesen. Von altersher hatte hier ein Dualismus bestanden. Einerseits oblag die Rechtsprechung Gelehrten des religiösen Rechts, dessen Vorschriften weite Bereiche des Lebens bestimmten. Daneben gab es aber auch eine weltliche Jurisdiktion, vornehmlich für Fragen des Verwaltungsrechts, zum Teil auch für Handels- und Strafsachen, die von Verwaltungsbeamten nach Gewohnheitsrecht ausgeübt wurde.[1] Die Rechtsprechung durch weltliche Beamte war auch in der Verfassung (Art. 2 und Art. 27 Verfassungsergänzungsgesetz von 1907) verankert, die in den Jahren 1906/ 1907 dem Schah von einer Koalition von liberalen und religiösen Kräften[2] abge-

---

1 James *Greenfield*, Die geistlichen Schariegerichte in Persien, ZVerglRWiss 48 (1934), S. 157-167 (157 f.).

2 Dabei gab es in den islamischen Kreisen erbitterte Diskussionen darüber, ob es überhaupt eine Verfassung geben dürfe und die Befürworter hatten nur im entscheidenden Augenblick die Oberhand. Vgl. dazu näher Silvia *Tellenbach*, Untersuchungen zur

trotzt worden war und die das erste Gesetz europäischen Stils in Iran darstellte.[3] Bald gab es weitere Versuche der Neuordnung von Rechtsgebieten nach europäischem Muster, nämlich beim Prozeßrecht. So wurde 1911 als erstes ein Gerichtsverfassungsgesetz erlassen, das schon Bestrebungen zeigte, die geistliche Gerichtsbarkeit zurückzudrängen. 1912 wurde eine Strafprozeßordnung ausgearbeitet und von einer Parlamentskommission vorläufig in Kraft gesetzt; sie wurde zwar nie vom Parlament verabschiedet, aber dennoch so angewendet, als ob das geschehen sei.

Wenn man das Strafrecht bis zu dieser Zeit betrachtet, so lassen sich als wichtigste Charakteristika feststellen, daß es nicht gesetzlich festgelegt, sondern, abgesehen von den grundlegenden Versen im Koran, in den in typischer Weise nach einem bestimmten Schema aufgebauten Lehrwerken und Kommentaren sowie Gutachtensammlungen zum islamischen Recht niedergelegt war. Dies gilt jedoch nur für den Kernbereich, nämlich die im Koran erwähnten ḥadd- und qiṣāṣ-Straftaten, die Tötung, Körperverletzung, Diebstahl, Straßenraub, Trunkenheit, Sexualdelikte und besondere Formen der Verleumdung umfassen.[4] Alle anderen je nach Zeit und Ort strafwürdig erscheinenden Verhaltensweisen waren dogmatisch nicht bearbeitet und wurden eher als pragmatische Angelegenheit der Obrigkeit angesehen.

Reza Schah nahm die weitere Verwestlichung des iranischen Rechts energisch in Angriff. In der zweiten Hälfte der zwanziger Jahre wurde eine ganze Reihe von Gesetzen erlassen, wie z.B. ein Zivilgesetzbuch und ein Handelsgesetzbuch. 1926 trat ein Strafgesetzbuch in Kraft. Pate stand bei diesem wie bei den übrigen Gesetzen vor allem das französische Recht, dem es zugute kam, daß es schon von anderen muslimischen Staaten übernommen

Verfassung der Islamischen Republik Iran vom 15. November 1979, Berlin 1985, S. 111 ff. mit weiteren Nachweisen.

3 Schon damals galt jedoch eine Bestimmung, nach der ein Rat aus religiösen Würdenträgern jedes Gesetz darauf zu prüfen hatte, ob es den islamischen Grundsätzen Genüge tat (Art. 2 Verfassungsergänzungsgesetz 1907), eine Bestimmung, die in der Folgezeit indes keine Bedeutung erlangte.

4 Vgl. zum schiitischen Strafrecht vor allem die vorzügliche Zusammenstellung des damaligen französischen Konsuls in Tabriz *A. Querry*, Droit musulman - Recueil de lois concernant les musulmans schyites, Band 2, Paris 1872, S. 482-680. Ein kurzer Überblick findet sich auch bei Ladislaus *von Thot*, Das persische Rechtssystem, ZVerglRWiss 22 (1909), S. 348-429 (414 ff.).

worden war, und daß Frankreich in Iran keine Kolonialinteressen verfolgte. Mochte auch die erste Fassung dieses Strafgesetzbuchs in Artikel 1 noch eine später aufgehobene salvatorische Klausel zugunsten des islamischen Rechts vorgesehen[5] und zunächst noch in einer Reihe von Vorschriften vor allem bei den Tötungs- und Sexualdelikten stark auf das islamische Recht Rücksicht genommen haben, so wurden diese doch zum Teil schon bald aufgehoben (Gesetz vom 27.4.1931), und die islamischen Züge verblaßten fast bis zum Verschwinden.

Von größter Bedeutung für die Durchsetzung des neuen Rechts war die Verdrängung der Geistlichkeit aus der Justiz, die noch weithin deren Domäne war. 1927 erging ein Gesetz, daß Täter von Straftaten, die in dem neuen Strafgesetzbuch vorgesehen waren, von weltlichen Gerichten abzuurteilen seien; 1931 schließlich wurden die Artikel 416 bis 429 der Strafprozeßordnung aufgehoben, in denen geistliche Gerichte für alle ḥadd- und qiṣāṣ- sowie gewisse taᶜzīr-Straftaten vorgesehen waren. Damit entfiel jegliche Zuständigkeit geistlicher Gerichte in Strafsachen. Auch in Zivilsachen wurde die geistliche Gerichtsbarkeit sehr stark eingeschränkt.[6]

Für einen islamischen Staat ist die Anwendung islamischen Rechts ein, wenn nicht *das* zentrale Charakteristikum. So war es eine Selbstverständlichkeit, daß die Islamische Republik Iran nach ihrer Konstituierung Ende März 1979 die Wiedereinführung des islamischen Rechts, auch des islamischen Strafrechts, zu ihren Postulaten erhob (Art. 4, 156 Nr. 4, 5 der Verfassung von 1979). Zu einer Kodifizierung des islamischen Strafrechts kam es jedoch erst in den Jahren 1982/1983, wenn man einmal von der knappen Formulierung des Gesetzes zur Gründung der Revolutionsgerichte vom 17. Juni 1979[7] absieht, die Gerichte hätten "nach islamischem Recht" (Art. 12) zu urteilen.

---

5 "... Straftaten, die nach den islamischen Grundsätzen verfolgt und ermittelt werden, werden gemäß den in der šarīᶜa vorgesehenen ḥadd- und taᶜzīr-Straftatbeständen bestraft."

6 Vgl. dazu Ali Akbar *Khan Daftary*, Geschichte und System des iranischen Strafrechts, Bonn 1935, S. 47.

7 27.3.1358 (Das iranische Jahr beginnt am 21. März, Daten zwischen dem 21. März und dem 31. Dezember differieren um 621 Jahre, Daten zwischen dem 1. Januar und dem 20. März um 622 Jahre von unserer Zeitrechnung).

Daß bereits vor 1982 im nachrevolutionären Iran islamisches Strafrecht bzw. das, was der einzelne Richter darunter verstand, angewendet wurde, ist bekannt.[8]

Das neue iranische Kernstrafrecht ist kein einheitliches Gesetzbuch. Es bestand zunächst vielmehr aus vier Gesetzen, von denen eines sogar in zwei Abschnitten erlassen wurde, nämlich dem *ḥudūd-* und *qiṣāṣ-Gesetz,* dem *diya-(Blutgeld-)Gesetz* und den beiden Gesetzen über die *islamischen Strafen.*[9] Diese Gesetze wurden in einem Verfahren gemäß Artikel 85 der Verfassung in Kraft gesetzt, d.h. das Parlament beauftragte eine Kommission mit der Erarbeitung der Gesetze unter vorläufiger Inkraftsetzung für eine bestimmte Zeit, die in den vorliegenden Fällen auf fünf Jahre festgesetzt wurde. Nach Ablauf dieser Frist mußte an sich eine endgültige Bestätigung durch das Parlament erfolgen. Bei diesen Gesetzen wären also 1987 und 1988 entsprechende Bestätigungsgesetze zu erwarten gewesen, die jedoch nicht erlassen wurden. Daraus darf indessen nicht der Schluß gezogen werden, daß die Gesetze stillschweigend außer Kraft getreten seien. Zum einen kannte das iranische Recht schon früher den Fall, daß ein wichtiges Gesetz, nämlich die oben erwähnte Strafprozeßordnung, in einem entsprechenden Verfahren in Kraft gesetzt und, obwohl sie nie vom Parlament bestätigt wurde, als weiterhin in Kraft befindlich angesehen wurde. Zum anderen ist auf eine Rechtsauskunft der Rechtsauskunftskommission des Obersten Gerichtshofs hinzuweisen, der auf die, allerdings in einem anderen Zusammenhang gestellte Frage, ob das taᶜzīr-Gesetz anzuwenden sei, geantwortet hat, das Gesetz sei solange anzuwenden, bis das Parlament eine Änderung beschlossen und verkündet habe.[10] Schließlich hat der Oberste Justizrat im Dezember 1987 in

8 Vgl. Parviz *Saney,* Die Strafrechtsordnung Irans nach der islamischen Revolution, ZStW 97 (1985), S. 436-453.

9 Ḥudūd- und qiṣāṣ-Gesetz vom 3.6.1361/25.8.1982 und 20.7.1361/12.10.1982; Blutgeldgesetz vom 24.9.1361/15.12.1982; Gesetz über islamische Strafen vom 21.7.1361/13.10.1982 und Gesetz über islamische Strafen (taᶜzīrāt) vom 18.5.1362/9.8.1983. Vgl. dazu Silvia *Tellenbach,* Zur Re-Islamisierung des Strafrechts in Iran, ZStW 101 (1989), S. 188-205.

10 Pāsuḫ wa-su'ālāt az kumisyūn-i istiftā'āt wa-mušāwirīn-i ḥuqūqī-yi šūrā-yi ᶜālī-yi qaḍā'ī (Fragen an die Kommission für die Erteilung von Rechtsgutachten und die Räte beim Obersten Justizrat und ihre Antworten), Teheran 1362 (1984), S. 42.

einem Erlaß dazu aufgefordert, diese Gesetze auch weiterhin anzuwenden.[11] Dementsprechend wurde auch verfahren, bis schließlich 1991 die drei Gesetze von 1982 zu einem einzigen Gesetz zusammengefaßt und dabei zwar im Aufbau stark, inhaltlich jedoch insgesamt wenig modifiziert wiederum nach Artikel 85 der Verfassung in Kraft gesetzt wurden. Das taᶜzīrāt-Gesetz von 1983 dagegen ist bis heute (Sommer 1995) nicht bestätigt worden.

2. Grundzüge des islamischen Strafrechts

Ehe wir diese Gesetze näher betrachten, sollen einige wesentliche Züge des islamischen Strafrechts allgemein dargestellt werden.

Islamisches Strafrecht ist nicht wie das europäische Recht auf diesem Gebiet in einen Allgemeinen Teil, der für alle Straftaten gültige Regeln enthält, und einen Besonderen Teil aufgeteilt, der die Straftatbestände im einzelnen umschreibt und festlegt. Das islamische Strafrecht besteht vielmehr traditionell aus drei isoliert nebeneinanderstehenden Teilen, von denen jeder seine eigene Struktur und Dogmatik aufweist, nämlich den ḥadd-, qiṣāṣ- und taᶜzīr-Delikten.

Ḥadd-Delikte (Plural: ḥudūd) sind Straftaten, für deren Begehung der Koran im Prinzip absolute Strafen festlegt. Sie sind also nach muslimischer Auffassung von Gott selbst bestimmt und infolgedessen ewig und unveränderlich. "Der Dieb und die Diebin, schneidet ihnen die Hände ab", so lautet ein Vers der Offenbarung (Sure 5, 38). Ein Spielraum bleibt allerdings auch hier durch die Auslegung. Zwar muß die Hand des Diebes abschnitten werden, was aber als Diebstahl im Sinne dieser Bestimmung zu gelten hat, wird im Koran nirgends gesagt.

Qiṣāṣ-Delikte sind Tötungs- und Körperverletzungsdelikte, die nach dem Talionsprinzip bestraft werden. Sie sind schon aus vorislamischer Zeit bekannt und der Koran hat sie dadurch eingeschränkt, daß die Vergeltung nur noch für eine vorsätzliche Tat geübt wird und daß die Strafe nur noch am

---

11 Vgl. Ali-Hossein *Najafi Abrandabadi*, La Politique Criminelle Iranienne à l'Epreuve des Changements Politiques, Dissertation Pau 1990 (unveröffentlichtes Manuskript, S. 284).

Täter selbst, nicht aber an einem anderen, ihm an Position gleichstehenden Mitglied seiner Sippe vollstreckt werden kann. Bei fahrlässiger Tötung oder Körperverletzung wie auch in dem Fall, daß bei einer Vorsatztat das Opfer oder seine Erben auf den Vollzug der Talion verzichten oder diese aus anderen Gründen nicht stattfinden kann, ist ein Blutgeld, eine diya, zu zahlen.

Nicht ganz deckungsgleich damit ist die Einteilung in göttliche und menschliche Rechtsansprüche. Erstere betreffen - modern ausgedrückt - die Rechtsgüter, die allgemeine Interessen schützen, letztere diejenigen, die private Interessen schützen. Zur ersten Gruppe gehören fast alle ḥadd-Straftaten, zur zweiten z.B. die meisten Tatbestände der qiṣāṣ-Straftaten. Möglich sind auch gemischt göttlich-menschliche Rechtsansprüche, wie bei der Verleumdung wegen unerlaubten Geschlechtsverkehrs, wo der Schutz der Ehre überhaupt als göttlicher, der Schutz der Ehre gerade des Verleumdeten als menschlicher Rechtsanspruch gilt. Die Bedeutung dieser Unterscheidung liegt in der Möglichkeit der Disposition über den Strafanspruch, der beim menschlichen Rechtsanspruch dem Verletzten, beim göttlichen Rechtsanspruch aber niemandem zusteht.[12]

Taᶜzīr-Delikte (Plural: taᶜzīrāt) sind alle sonstigen Taten, die in einer Gesellschaft gemäß den nach Ort und Zeit unterschiedlichen Bedürfnissen als strafwürdig angesehen werden. Ihre Sanktionierung muß nur eine Grundbedingung erfüllen: Sie muß mit den Grundsätzen des Islams vereinbar sein. Von den taᶜzīr-Delikten hat die islamische Strafrechtswissenschaft so gut wie keine Notiz genommen; die zahlreichen Werke zum islamischen Recht behandeln regelmäßig nur die ḥadd- und die qiṣāṣ-Delikte. Die taᶜzīr-Delikte wurden meist nur von der Obrigkeit als pragmatische Reaktion auf unerwünschtes Verhalten geahndet. Man konnte hier ebenfalls zwei Untergruppen unterscheiden: Zum einen Taten, für die an sich ḥadd-Strafen vorgesehen waren, bei denen aber eine der für eine ḥadd-Strafe notwendigen Bedingungen nicht erfüllt war, wie z.B. der Diebstahl eines Gegenstands, der nicht den für eine ḥadd-Strafe notwendigen Mindestwert hat; zum anderen Straftaten, die unabhängig davon strafwürdig erschienen, z.B. Betrug, Urkundenfälschung etc. Die Obrigkeit war ursprünglich bei der Verhängung von Strafen

12 Vgl. dazu näher Adel *El Baradie,* Gottes-Recht und Menschenrecht. Grundlagenprobleme der islamischen Strafrechtslehre, Baden-Baden 1983, S. 175 ff.

für solche Taten frei; erst allmählich entstanden gesetzliche Festlegungen solcher Delikte. Mittlerweile geht auch im islamischen Strafrecht die Tendenz immer stärker dahin, Straftaten und Strafrahmen gesetzlich festzulegen und dem Richter nur für die Strafzumessung Ermessensfreiheit zu geben. Das taᶜzīr-Prinzip verlieh auch dem islamischen Strafrecht, was oft übersehen wird, insgesamt eine außerordentliche Flexibilität. Es hat insbesondere die Entwicklung begünstigt, daß im 19. Jahrhundert fast in der gesamten islamischen Welt das europäische Strafrecht übernommen wurde.

Das Gesetz über die islamischen Strafen von 1991 brachte hier eine Neuerung, indem es eine weitere Deliktsart schuf, nämlich die mit "abhaltenden Strafen"[13] bedrohten Delikte, deren Tatbestände reinen Zweckmäßigkeitserwägungen entsprechen und nicht wie die nunmehr enger verstandenen taᶜzīr-Straftaten auf die Verletzung eines islamischen Gebots oder Verbots zurückzuführen sind.[14]

Zu den besonderen Merkmalen des islamischen Strafrechts gehört die enge Verflechtung mit dem Beweisrecht. Nur bei den taᶜzīr-Straftaten (und den mit abhaltenden Strafen bedrohten Taten) ist der freie Beweis mit allen zur Verfügung stehenden Mitteln möglich, bei den ḥadd- und den qiṣāṣ-Straftaten gibt es strenge Beweisregeln, deren Beachtung Voraussetzung einer Verurteilung ist. Sie sind in den materiellen Strafgesetzen selbst, nicht in einem Strafverfahrensgesetz niedergelegt.

Bei den ḥadd- und den qiṣāṣ-Strafen gibt es von altersher einen numerus clausus der Strafen. Bei den ḥadd-Strafen sind diese Steinigung, Kreuzigung, Abschneiden von Hand oder Fuß und Auspeitschung, bei den qiṣāṣ-Strafen Vergeltung und Blutgeld. Bei den taᶜzīr-Taten gab es dagegen eine weite Palette von Strafen, der immer noch neue hinzugefügt werden konnten. Die in Europa lange Zeit wichtigste Strafe, die Freiheitsstrafe, hatte im Islam zu-

---

13 D.h. von der Begehung von Straftaten.

14 Der Erlaß derartiger nicht religiös begründeter Vorschriften wird durch eine Fetwa *Khomeinis* vom 7. Januar 1988 gedeckt, derzufolge im Falle eines höherrangigen Interesses an der Funktionsfähigkeit des islamischen Staates auch Anordnungen ergehen können, die den islamischen Vorschriften zu Einzelfragen nicht entsprechen. Vgl. eingehend zur Bedeutung dieser Fetwa Johannes *Reissner,* Der Imam und die Verfassung - Zur politischen und staatsrechtlichen Bedeutung der Direktive Imam Khomeinis vom 7. Januar 1988, Orient 29 (1988), S. 213-236.

nächst nur geringe Bedeutung. Weit verbreitet war ferner die Zurückhaltung gegenüber der Geldstrafe. Abgesehen davon, daß der Verurteilte sie vielfach nicht hätte bezahlen können, fürchtete man, daß bei der verbreiteten Korruption die Richter einen Teil davon für sich behalten könnten. Heute sind in Iran nur noch die im Gesetz ausdrücklich festgelegten Strafen zulässig, unter denen Auspeitschung und neuerdings auch die Freiheitsstrafe die größte Rolle spielen.

Diese Grundstrukturen sind dem schiitischen und dem sunnitischen Strafrecht gemeinsam, mag es auch im einzelnen Unterschiede geben.

3. Das Gesetz über die islamischen Strafen vom 8.5.1370/30.7.1991

Das Gesetz über die islamischen Strafen vom 8.5.1370/30.7.1991[15] umfaßt 496 Artikel, die in vier Bücher unterteilt werden, nämlich 1. Allgemeines (Art. 1-62), 2. ḥadd-Strafen (Art. 63-203), 3. Vergeltung (Art. 204-293), 4. Blutgeld (Art. 294-496).

Das erste Buch entspricht in der Regelungsmaterie in etwa dem Allgemeinen Teil eines westlichen Strafgesetzbuchs. Zu beachten ist jedoch, daß in vielen Fällen die Geltung dieser Bestimmungen für ḥadd- und qiṣāṣ-Straftaten ausgeschlossen wird. Insofern kann also von einem Allgemeinen Teil im Sinne von rechtlichen Regelungen, die für alle Straftaten eines Besonderen Teils gelten, nicht gesprochen werden.

Artikel 2 legt das Prinzip der Gesetzlichkeit der Strafen fest und bestimmt, daß jede Handlung und jedes Unterlassen, das mit Strafe bedroht ist, als Straftat angesehen wird. In Artikel 11 ist auch das Rückwirkungsverbot vorgesehen, ferner das Gebot der Anwendung des milderen Gesetzes bei Gesetzesänderung nach der Tat. Sowohl das Legalitätsprinzip als auch das Rückwirkungsverbot gelten aber nur für das rein staatlich gesetzte Recht,

15 Das Gesetz wurde an diesem Tag vom Rechtsausschuß des Parlaments angenommen, dem das Parlament gemäß Art. 85 der Verfassung die Verabschiedung übertragen hatte. Da in den folgenden Monaten noch der Wächterrat und der Schlichtungsrat damit befaßt waren, wurde es erst am 3.10.1370/24.12.1991 dem Präsidenten zur Verkündung zugeleitet und am 11.10.1370/1.1.1992 im Amtsblatt Nr. 13640 veröffentlicht.

nicht also für von Gott vorgegebenes Recht. Ḥadd-Delikte z.B., die vor Erlaß der islamischen Strafgesetze, also vor 1982, in Iran begangen wurden, können daher sehr wohl bestraft werden. Beim räumlichen Geltungsbereich finden sich das Territorialitätsprinzip, das Personalitätsprinzip, das Schutzprinzip und das Weltrechtsprinzip, soweit dessen Anwendung durch besondere Gesetze oder internationale Abkommen vorgesehen ist (Art. 3 ff.). Bereits in Artikel 9 folgt die Bestimmung, daß der durch eine Straftat erzielte Vermögensvorteil an den rechtmäßigen Besitzer herauszugeben ist. Artikel 10 regelt sodann die Herausgabe, Einziehung oder Vernichtung aller Gegenstände, die bei einer Straftat verwendet wurden, verwendet werden sollten oder die durch eine Straftat erlangt wurden.

An die Stelle der früher geltenden Dreiteilung der Straftaten in Verbrechen, Vergehen und Übertretungen und der ihnen zugeordneten Strafen sind fünf neue Strafarten, ḥadd, Vergeltung (qiṣāṣ), Blutgeld (diya), taᶜzīr-Strafen und seit 1991 die abhaltende Strafe[16] mit kurzen Definitionen getreten (Art. 12 ff.). Artikel 18 ordnet die Anrechnung von Untersuchungshaft an. Artikel 19 f. sehen als Nebenstrafen und Nebenfolgen den Entzug der bürgerlichen Ehrenrechte sowie Verbote und Gebote bezüglich des Aufenthalts des Verurteilten vor.

Die Teilnahme an einer Straftat ist in den Artikeln 42 ff. geregelt. Täter ist auch, wer wissentlich zusammen mit anderen eine mit taᶜzīr- oder abhaltender Strafe bedrohte Tat ausführt, wobei es nicht darauf ankommt, ob sein Tatbeitrag den Tatbestand ganz oder nur teilweise erfüllt. Anführerschaft bei der Tat kann zu Strafschärfung führen. Ist der Tatbeitrag von geringer Bedeutung, so kann das Gericht die Strafe mildern. Als Täter werden ferner Personen angesehen, die nebeneinander handeln und fahrlässig einen Tatbestand erfüllen. Als Teilnehmer wird angesehen, wer einen anderen zu der Tat anstiftet oder durch Täuschung dazu veranlaßt oder zur Tat Beihilfe leistet. Dabei verlangt das Gesetz allerdings nicht nur einheitlichen Vorsatz und einheitliches Vorgehen, sondern auch ausdrücklich die zeitliche Nähe zwischen der Handlung des Teilnehmers und des Täters (Art. 43). Gründe, die eine Bestrafung des Täters ausschließen, kommen dem Teilnehmer nicht zugute (Art. 44). Täter kann grundsätzlich nur eine natürliche Person sein, nur bei

---

16 Siehe S. 7.

den Verstößen gegen den Schutz von Kulturgütern (Art. 47 des Gesetzes von 1983) findet sich eine gewisse Abweichung, nämlich eine Sonderbestimmung, nach der leitende Angestellte juristischer Personen für Straftaten, die im Bereich der Tätigkeit einer juristischen Person begangen wurden, bestraft werden können.

Auffallend ist die Regelung des Versuchs. Während das Strafgesetzbuch von 1926 den Versuch eines Verbrechens immer, den Versuch eines Vergehens nur bei besonderer gesetzlicher Bestimmung bestrafte, wird jetzt nur noch bestraft, wenn der Versuch bereits die vollendete Begehung einer anderen Straftat darstellt.

Eingehende Vorschriften finden sich zur strafrechtlichen Verantwortlichkeit (Art. 49 ff.). Strafrechtlich nicht verantwortlich sind unmündige Kinder, d.h. Kinder, die noch nicht geschlechtsreif sind. Dabei wird nach Artikel 1210 Zivilgesetzbuch angenommen, daß diese Reife bei Mädchen (spätestens) mit neun Jahren, bei Jungen mit 15 Jahren erreicht ist, was zu einer sehr frühen und noch dazu nach Geschlechtszugehörigkeit differenzierten Strafmündigkeit führt. Nicht verantwortlich sind ferner Geistesgestörte, wobei eine Unterscheidung von vermindert Zurechnungsfähigen oder Unzurechnungsfähigen nicht vorgenommen wird. Eine Ausnahme gilt für die Unzurechnungsfähigkeit infolge von Alkoholgenuß: Wird bewiesen, daß der Täter den Alkohol zum Zweck der Tatbegehung zu sich genommen hat, so wird er wie ein Zurechnungsfähiger behandelt und für die Rauschtat sowie für den Alkoholgenuß bestraft (Art. 53).

Bei den Strafbefreiungsgründen gibt es keine deutliche Unterscheidung zwischen Rechtfertigungs- und Entschuldigungsgründen, auch wenn Ansätze hierzu zu erkennen sind. Genannt sind unwiderstehlicher Zwang (Art. 54), Notstand (Art. 55), Notwehr (Art. 56 ff.), die allerdings gegenüber Polizei und Militär nur erlaubt ist, wenn wichtige Güter wie Leib, Leben und Ehre durch deren rechtswidriges Handeln in Gefahr sind (Art. 62). Erlaubt ist das Handeln auf rechtmäßigen Befehl oder zur Erfüllung eines vorrangigen Gesetzes. Eine Straftat liegt ferner nicht vor, wenn im Rahmen des elterlichen Züchtigungsrechts gehandelt wird. Es gibt keinen generellen Straffreistellungsgrund der Einwilligung, wohl aber sind die wichtigsten Fälle, wie ärztliche Behandlung und Sportverletzungen, besonders genannt (Art. 59).

Unter den gesetzlichen Strafschärfungsgründen ist der Rückfall geregelt (Art. 48); Strafmilderungen enthält Artikel 22, und zwar insgesamt sechs Regelbeispiele, die sich folgendermaßen zusammenfassen lassen: Berücksichtigung der persönlichen Situation des Täters, seine Mithilfe bei den Ermittlungen, seine Bemühung um Wiedergutmachung und die Verzeihung des Opfers. Eine Vorschrift dagegen, die die Kriterien der Strafzumessung allgemein festlegte, gibt es nicht.

Bei der Idealkonkurrenz gilt das Prinzip der schwersten Strafe (Art. 46); bei Realkonkurrenz ist für jede Tat eine gesonderte Strafe zu verhängen. Nur wenn mehrmals die gleiche Strafe zu verhängen wäre, kann diese nur einmal verhängt und dabei erschwert werden (Art. 47). Begnadigungen und Straferleichterungen können, soweit das islamische Recht es erlaubt, vom Islamischen Führer gewährt werden (Art. 24).

Artikel 25 ff. und Artikel 38 regeln schließlich die Strafaussetzung zur Bewährung sowie die bedingte Entlassung.[17]

Das Zweite Buch über die ḥadd-Delikte befaßt sich mit dem Bereich des islamischen Strafrechts, der häufig als das islamische Strafrecht schlechthin angesehen wird und auch tatsächlich dessen besonders charakteristischen Teil darstellt.

Ḥadd-Delikte sind immer Vorsatztaten, nichtvorsätzliche ḥadd-Delikte gibt es nicht. Wille und Vorstellung des Täters müssen dabei irrtumsfrei sein. Liegt irgendein Umstand vor, der die Tat ihrem Erscheinungsbild nach einer erlaubten ähnlich erscheinen läßt (šubha),[18] glaubt der Täter z.B., daß er mit der Frau, mit der er Verkehr hat, durch gültigen Ehevertrag verbunden sei, so entfällt die ḥadd-Strafe. Bei ḥadd-Delikten gibt es auch keine Versuchsstrafbarkeit. Eine ḥadd-Straftat wird in der Regel entweder durch ein zweimaliges Geständnis des Täters oder durch zwei männliche muslimische Zeugen bewiesen, die rechtschaffen sein müssen. Da das islamische Recht von jeher

17 Diese Regelungen lehnen sich noch eng an die entsprechenden Gesetze aus der Schahzeit an: Qānūn-i rāğiᶜ ba āzādī-yi mašrūṭ-i zandānīyān (Gesetz über die bedingte Entlassung von Strafgefangenen) vom 23. Esfand 1337 (14. März 1959) und Qānūn-i taᶜlīq-i iğrā-yi muğāzāt (Gesetz über die Strafaussetzung zur Bewährung) vom 26. Tīr 1346 (17. Juli 1967).

18 Vgl. dazu näher Adel *El Baradie* (Anm. 11), S. 103.

von diesem festen Beweiswert ausging, kam es stets darauf an, ob jemand als Zeuge zugelassen werden konnte. So entstand eine reich entwickelte Lehre vom einwandfreien Zeugen, die viele Beobachtungen der heutigen Zeugenpsychologie vorwegnahm. Rechtstechnisch wurde diese Lehre an das Erfordernis des "ᶜādil-Seins" (was rechtschaffen, gerecht, unbescholten bedeutet) gebunden. So ist z.B. das Zeugnis zugunsten enger Verwandter nicht zulässig. Auch das Erfordernis, daß Zeugen, zumindest in einem Prozeß gegen einen Muslim, selbst Muslime sein müssen, leitet sich von diesem Merkmal her. Wie soll man der Wahrheitsliebe eines Menschen trauen, der selbst so offensichtliche Wahrheiten wie den Islam leugnet?

An der Spitze der ḥadd-Delikte stehen im iranischen Strafgesetz die Sexualdelikte. Schon ihre Regelung in insgesamt 76 Artikeln (Art. 63-138) gibt einen Hinweis darauf, welche Bedeutung ihnen in der Anschauung des iranischen Gesetzgebers und wohl auch weiter Kreise der Bevölkerung zukommt. Wichtigster Tatbestand ist die "zinā'", ein Terminus, der in älteren deutschsprachigen Texten oft als Unzucht, in moderneren meist als Ehebruch wiedergegeben wird. Beide Begriffe treffen die Bedeutung von "zinā'" jedoch nur ungenau. Entscheidend ist, daß zwei Personen verschiedenen Geschlechts miteinander Geschlechtsverkehr haben, ohne durch das Bestehen einer Ehe oder früher auch eines Sklavenverhältnisses dazu berechtigt zu sein. Diese beiden Personen können ihrerseits durchaus unverheiratet sein. Ist das der Fall, ist der Grundtatbestand erfüllt und die Täter sind beide mit hundert Peitschenhieben zu bestrafen (Art. 88). Ist dagegen einer der beiden verheiratet und in der Lage, überhaupt Verkehr zu haben, so liegt ein Straferschwerungsgrund vor und der Verheiratete, nicht aber sein unverheirateter Mittäter, wird gesteinigt. Im Gegensatz zu der herkömmlichen Sanktionierung des Ehebruchs in europäischen Rechten, kennt das islamische Recht keine Privilegierung des Ehemannes, mag er auch in der Praxis eher stillschweigend toleriert werden. Vielmehr ist dieses Delikt für beide Geschlechter gleichermaßen strafbar.

In der heutigen Praxis kann diese Erschwerung in einem interessanten Fall eine Rolle spielen. Nach dem iranischen Familienrechtsreformgesetz von 1967 erhielt die Frau das Recht, die Scheidung auch in Fällen gerichtlich durchzusetzen, in denen ihr das islamische Recht diese Möglichkeit nicht gewährte. Viele der nach diesen Vorschriften geschiedenen Frauen heirateten nun ein zweites Mal. Khomeini erklärte diese Ehescheidungen für ungültig. Das bedeutete, daß sich alle diese wiederverheirateten Frauen in seinen Augen des unerlaubten Geschlechtsverkehrs in der erschwerten Form des Ehebruchs schuldig gemacht hatten.[19] Zwar sieht das islamische Recht vor, daß demjenigen, der in der Annahme einer gültigen Ehe mit einem anderen verkehrt, eine šubha[20] zur Seite steht, die seine Bestrafung verhindert, wer sich aber der Meinung Khomeinis anschließt, kann sich auf den Standpunkt stellen, diese Frauen hätten wissen müssen, daß ihre frühere Ehe nach islamischem Recht nicht geschieden war.

Neben diesen beiden wichtigsten Formen von "zinā'" gibt es noch weitere strafschärfende Umstände, die zur Todesstrafe führen.

Mit dem Tode bestraft wird der Nichtmuslim, der mit einer muslimischen Frau Verkehr hat (Art. 82 Abschnitt c). Da auch die Eheschließung eines nichtmuslimischen Mannes mit einer muslimischen Frau rechtlich nicht möglich ist, bleibt dem nichtmuslimischen Mann nur die Möglichkeit einer Konversion zum Islam, wenn er eine Muslimin heiraten will. Mit dem Tode bestraft wird ferner der Verkehr mit denjenigen Verwandten, denen gegenüber ein Eheverbot besteht, sowie mit der Ehefrau des Vaters (Art. 82 Abschnitt a und b). Schließlich zieht die Vergewaltigung einer Frau die Todesstrafe nach sich (Art. 82 Abschnitt d).

Die Strafen können jedoch nur verhängt werden, wenn der Beweis nach islamischem Recht geführt ist, der in diesen Fällen besonders erschwert ist (Art. 68 ff.). Statt des sonst üblichen zweimaligen Geständnisses bzw. der Aussage von zwei Zeugen muß der unerlaubte Geschlechtsverkehr entweder durch ein vierfaches Geständnis oder durch vier einwandfreie Zeugen bewiesen werden. Diese müssen noch dazu die Tatsache, die sie bezeugen, mit eigenen Augen genau gesehen haben. Dazu kommt noch eine weitere bemerkenswerte Besonderheit: Wer einen anderen beschuldigt, unerlaubten Geschlechtsverkehr gehabt zu haben und den vorgeschriebenen Beweis nicht führen kann, wird ausgepeitscht. Haben also vier Zeugen einen Ehebruch tat-

19 Vgl. dazu *Tellenbach* (Anm. 2), S. 178.

20 Siehe oben S. 11.

sächlich beobachtet und einer von ihnen wird vom Gericht nicht als vollwertiger Zeuge anerkannt, so gelten alle als Verleumder und werden bestraft. Das Gesetz bestimmt ferner ausdrücklich, daß selbst die Schwangerschaft einer unverheirateten Frau allein nicht als Beweis für einen unerlaubten Geschlechtsverkehr angesehen werden darf. Es ist ja immerhin denkbar, daß die Frau das Opfer einer Vergewaltigung gewesen ist (Art. 73).

Grundsätzlich müssen Zeugen bei den ḥadd- und qiṣāṣ-Straftaten männlichen Geschlechts sein; das iranische Strafgesetzbuch hat jedoch - einer Minderheitsmeinung folgend - festgelegt, daß u.a. bei Ehebruch der Beweis auch durch das Zeugnis von drei Männern und zwei Frauen erbracht werden kann. Bei einem unerlaubten Geschlechtsverkehr, der nur mit Auspeitschung bedroht ist, kann sogar das Zeugnis von vier Frauen das von zwei Männern ersetzen. Jedoch hat in keinem Fall bei den Zeugenaussagen im ḥadd-Bereich die Zeugenaussage einer Frau den Beweiswert der Zeugenaussage eines Mannes, im Gegensatz zum taᶜzīr-Bereich, wo im Rahmen des Freibeweises das Zeugnis der Frau dem eines Mannes gleichsteht.

Der Ehebruch wird mit Steinigung bestraft und ist der einzige Fall, in dem das islamische Strafrecht die Steinigungsstrafe vorsieht. Über die Vollstreckung der Steinigung enthält das Gesetz genaue Angaben (Art. 98 ff.). Es ist eine öffentlich vollzogene Strafe, deren Vollstreckung vorher auch öffentlich verkündet werden muß, und bei der die Beteiligung der gläubigen Gemeinde erwartet wird. Wurde der Täter aufgrund seines Geständnisses verurteilt, so muß der Richter den ersten Stein werfen. Erfolgte die Verurteilung aufgrund von Zeugenaussagen, so ist dies die Aufgabe der Zeugen.

Typisch für das schiitische Recht ist, daß auch Homosexualität, lesbische Liebe und Kuppelei als ḥadd-Delikte gelten (Art. 108 ff.), was im sunnitischen Recht zumindest umstritten ist.

Das Gesetz unterscheidet deutlich zwischen männlicher und weiblicher Homosexualität. Der homosexuelle Verkehr zwischen Männern wird mit dem Tode bestraft, sonstige homosexuelle Handlungen mit hundert Peitschenhieben (Art. 110, 121). Bei Frauen werden dagegen alle gleichgeschlechtlichen Handlungen stets mit hundert Peitschenhieben bestraft (Art. 129).

Bei der männlichen Homosexualität wird zwischen aktivem und passivem Teil unterschieden, bei der weiblichen Homosexualität wird die Unterscheidung ausdrücklich ausgeschlossen (Art. 130). Das hat auch noch die weitere Folge, daß entsprechend dem unerlaubten Geschlechtsverkehr der aktive Partner homosexueller Handlungen, auch wenn sie nicht bis zum Verkehr gehen, mit dem Tode bestraft wird, wenn er nicht Muslim, der passive Teil aber Muslim ist (Art. 121). Eine Auswirkung der religiösen Zugehörigkeit auf die Strafe ist bei den Frauen dagegen durch die Aufhebung der Unterscheidung von aktivem und passivem Partner ausgeschlossen.

Wegen Kuppelei bestraft wird derjenige, der Personen zum unerlaubten Geschlechtsverkehr oder zum homosexuellen Verkehr zusammenführt (Art. 135). Die Strafe beträgt fünfundsiebzig Peitschenhiebe, wozu für Männer, nicht aber für Frauen, noch die Strafe der Verbannung (Art. 138) tritt.

Es ist auffallend, daß 26 Artikel ausschließlich der Regelung des Delikts der Verleumdung wegen unerlaubten Geschlechtsverkehrs oder homosexuellen Verkehrs gewidmet sind (Art. 139 ff.). Schon das ist ein Hinweis auf die Bedeutung, die im Islam und im Recht der Islamischen Republik Iran der Geschlechtsehre beigemessen wird. Dieses Delikt steht in einem Verhältnis der Entsprechung zum Delikt des unerlaubten Geschlechtsverkehrs. Es soll verhindert werden, daß der soziale und familiäre Frieden durch Verdächtigungen gestört, ja sogar auch, daß tatsächlich begangener unerlaubter Verkehr bekannt wird.

Bei der Verleumdung gibt es Möglichkeiten zur Abwendung der ḥadd-Strafe, die im System der ḥadd-Delikte sonst ungewöhnlich sind (Art. 161). Sie entfällt, wenn der Verleumdete den Vorwurf des Verleumders bestätigt oder wenn er oder seine Erben dem Täter verzeihen (Art. 161). Diese Art der Verfügung über den Strafanspruch ist sonst nur bei Talionsdelikten zulässig. Schließlich entfällt die ḥadd-Strafe, wenn zwei Personen sich gegenseitig wegen unerlaubter sexueller Handlungen verleumden. In diesem Fall wird aber eine taᶜzīr-Strafe verhängt (Art. 162).

Das vielleicht berühmteste ḥadd-Delikt, der Alkoholgenuß, ist in den Artikeln 166-174 geregelt. Es ist mit Auspeitschung bedroht und Nichtmuslime sind insofern privilegiert, als sie nur bestraft werden, wenn sie den Alkohol in der Öffentlichkeit trinken.

Die Artikel 183-196 regeln das Delikt des qat^{c} aṭ-ṭarīq bzw. der muḥāraba. Der erste Begriff ist mit Wegelagerei oder Straßenraub, der zweite mit Verderbenstiften auf Erden und Kampf gegen Gott wiederzugeben. Zur Zeit des Propheten Mohammed bezog sich qat^{c} aṭ-ṭarīq zunächst einmal auf Räuber, die Karawanen überfielen, ein Übel, das für die Handelsstadt Mekka von großer Bedeutung war. Daraus entwickelte sich das Verständnis dieses Tatbestands immer mehr in die Richtung der Störung des öffentlichen Friedens und schließlich zum politischen Delikt. Die gesetzlichen Regelungen des ḥadd- und qiṣāṣ-Gesetzes lassen das noch ziemlich deutlich erkennen, wenn Artikel 183 die Tat folgendermaßen definiert: "Wer zu den Waffen greift, um Furcht und Schrecken zu verbreiten und die Menschen ihrer Freiheit und Sicherheit zu berauben, ist ein Kämpfer gegen Gott und ein Verderbenstifter auf Erden." Die gesetzlichen Erläuterungen zu dieser Vorschrift stellen klar, daß derjenige, der zwar zu den Waffen greift, aber niemanden erschreckt, weil er offensichtlich zu schwach ist, um tatsächlich Schaden anrichten zu können, nicht als Kämpfer gegen Gott angesehen wird. Eine weitere Erläuterung macht noch ein Merkmal deutlich: Das Tatopfer muß eine zufällige, vorher nicht bestimmte Person sein. Sie richtet sich also gegen die Allgemeinheit. Geht es dagegen dem Täter von vornherein um den Angriff gegen eine oder mehrere bestimmte Personen, so liegt kein Kampf gegen Gott vor.

Andere Tatbestände, die unter den Kampf gegen Gott fallen, zeigen schon eindeutig den Charakter des politischen Delikts. Jede Gruppe oder Vereinigung, die einen bewaffneten Aufstand gegen die islamische Regierung durchführt, und jedes ihrer Mitglieder, das diese Ziele fördert, gilt als Kämpfer gegen Gott, auch wenn es nicht zum militärischen Zweig einer solchen Gruppe gehört (Art. 186). Dasselbe gilt für diejenigen, die den Sturz der islamischen Regierung planen und dafür Waffen oder Sprengstoffe beschaffen, sowie für sonstige Personen, die wissentlich und freiwillig derartige Mittel zur Verfügung stellen (Art. 187). Schließlich gilt derjenige als Kämpfer gegen Gott, der bei Plänen zum Sturz der islamischen Regierung sich für eine Schlüsselposition bereithält und dessen Bereitschaft bei der Durchführung eines Staatsstreichs Bedeutung gewinnt (Art. 188).

Daß der Hauptanwendungsbereich der Tatbestände des Kampfes gegen Gott bei den politischen Straftaten liegt, ist auch daraus zu ersehen, daß das Gesetz über taᶜzīr-Strafen von 1983[21] bei den Straftaten gegen die innere und äußere Sicherheit des Staates, die inhaltlich den Vorschriften des früheren Strafgesetzbuchs von 1926 entsprechen, hinsichtlich der Strafe auf den Tatbestand des Kampfes gegen Gott verweist.

Die Beweisvorschriften bei diesem Delikt, die wiederum ein zweifaches Geständnis oder die Aussage zweier einwandfreier Zeugen vorschreiben, sind wegen ihrer gesetzlichen Erläuterungen von Interesse (Art. 189). Dazu wird nämlich bestimmt, daß das Zeugnis der Tatopfer nur dann zulässig ist, wenn ihnen selbst daraus kein Vorteil erwächst; mehrere Opfer können auch nicht zum gegenseitigen Vorteil Zeugen sein.

Die ḥadd-Strafen für den Kampf gegen Gott, die im Koran genannt werden, sind die Tötung, die Kreuzigung, das Abschneiden der rechten Hand und des linken Fußes sowie die Verbannung (Art. 190). In der islamischen Rechtswissenschaft war umstritten, ob und in welcher Art und Weise die einzelnen Strafen einzelnen Tatmodalitäten zuzuordnen seien. Die Mehrheit ging davon aus, daß es bestimmte Zuordnungen geben sollte (z.B. Tötung für Totschlag, Kreuzigung für Raubmord, Abschneiden von Gliedern für Raub und Verbannung für das Erschrecken der Vorüberziehenden, ohne Tötung oder Raub). Das iranische Strafgesetzbuch folgt aber der Mindermeinung und bestimmt, daß der Richter grundsätzlich bei der Auswahl der Strafen frei ist.[22]

Von den Bestimmungen über die Vollstreckung der Strafe sei hier nur die Kreuzigung erwähnt. Im Gegensatz zur biblischen Kreuzigung ist sie keine Annagelung, die von vornherein zum Tode führen soll, vielmehr ist der Verurteilte nur anzubinden und das Anbinden so vorzunehmen, daß der Gekreuzigte dadurch nicht unbedingt stirbt. Er darf nicht länger als drei Tage hängenbleiben; stirbt er vorher, so kann man ihn abnehmen; überlebt er die drei Tage, so darf er nicht mehr hingerichtet werden (Art. 195).

---

21 Siehe unten S. 23.

22 Alī Riḍā *Faiḍ*, Taṭbīq dar ḥuqūq-i ǧazā-yi ᶜumūmī-yi Islām (Die Praxis im Allgemeinen Teil des islamischen Strafrechts), Teheran 1365 (1987), S. 133 f.

Der Diebstahl (Art. 197-203) wird im Gesetz selbst als heimliche Wegnahme fremden Gutes definiert (Art. 197). Besonders bei diesem Delikt wird deutlich, wie sehr die islamische Strafrechtswissenschaft bestrebt war, die Voraussetzungen für eine Bestrafung nach ḥadd-Grundsätzen so hoch anzusetzen, daß sie nur selten ausgesprochen werden mußte. Im iranischen Gesetz finden sich über zwanzig Voraussetzungen, die erfüllt sein müssen, damit eine ḥadd-Strafe verhängt werden kann. So darf der Diebstahl nicht etwa aus Not oder Mittellosigkeit, insbesondere in einem Hungerjahr, begangen sein. Das gestohlene Gut muß einen Mindestwert von vier Fünftel nuḫūd[23] geprägtem Gold haben. Der Eigentümer muß es in einem Behältnis verwahrt haben, das der verwahrten Sache auch angemessen war. Dieses Behältnis muß der Dieb erbrochen und den Gegenstand entnommen haben. Das gestohlene Gut muß ferner Eigentum einer bestimmten Person sein. Ist es z.B. Staatseigentum oder Eigentum einer religiösen Stiftung, so ist keine ḥadd-Strafe zu verhängen; hinter dieser Regelung steht die Annahme, daß der Dieb als Glied der islamischen Gemeinde einen ideellen Miteigentumsanteil an staatlichem Vermögen hat bzw. potentiell Begünstigter der religiösen Stiftung ist, die vor allem gemeinnützige Aufgaben zu erfüllen hat. Der Dieb kann ferner die ḥadd-Strafe abwenden, indem er den gestohlenen Gegenstand zurückgibt. Eine ḥadd-Strafe entfällt auch, wenn der Bestohlene die Sache dem Dieb vor Klageerhebung schenkt oder wenn der Dieb das gestohlene Gut vor dem Beweis des Diebstahls etwa durch Kauf erwirbt. Sie ist auch ausgeschlossen, wenn der Bestohlene dem Dieb vor Klageerhebung verzeiht oder ihn nicht anzeigt (Art. 198, 200). Von Amts wegen kann also ein Verfahren wegen Diebstahls mit dem Ergebnis einer ḥadd-Strafe nicht durchgeführt werden. Aus diesen Regelungen wird deutlich, daß eine ḥadd-Bestrafung wegen Diebstahls nur sehr selten erfolgen kann, was nicht ausschließt, daß ein Diebstahl, bei dem eine der Voraussetzungen für eine ḥadd-Strafe fehlt, mit einer taᶜzīr-Strafe bestraft werden kann.

Nicht zu den im iranischen Strafgesetz genannten ḥadd-Delikten zählt der Abfall vom Islam, über dessen Todeswürdigkeit zumindest, wenn die Tat von männlichen Muslimen begangen wird, in der islamischen Rechtswissenschaft kein Zweifel besteht. Abfall vom Islam ist für einen strengen Muslim

23 Nuḫūd = 0,2 g.

nicht eine Angelegenheit der Gewissensfreiheit, sondern gehört in die Sphäre des Hochverrats. Er wird als Angriff auf den islamischen Staat und die islamische Gesellschaft verstanden und auch wenn die Tat nicht ausdrücklich als Straftatbestand festgelegt ist, liegt es nahe, daß sich Apostaten dem Verdacht von Tätigkeiten aussetzen, die unter dem Gesichtspunkt des Kampfes gegen Gott als strafbar angesehen werden.

Breiten Raum nehmen die Delikte ein, auf die die Strafe der Vergeltung steht (qiṣāṣ-Delikte, Talionsdelikte). Das islamische Strafrecht kennt bei den qiṣāṣ-Delikten drei Schuldformen, nämlich außer Vorsatz und Fahrlässigkeit den sogenannten Quasi-Vorsatz. Nach dem klassischen islamischen Recht wurde von der Art der verwendeten Waffe zwingend auf die innere Beziehung des Täters zu der Tat geschlossen. Hat der Täter eine Tatwaffe verwendet, die nach der Erfahrung in den meisten Fällen den Tod zur Folge hat, wurde Tötungsvorsatz angenommen. Das iranische Strafgesetz ist dieser Definition zwar nicht mehr gefolgt, hinter der gesetzlichen Formulierung wird aber sichtbar, daß diese Regel dem Gesetzgeber gegenwärtig war: Als vorsätzlich gilt die Tötung zunächst dann, wenn der Täter Tötungsabsicht hatte, unabhängig davon, ob die Tat in einer Art und Weise durchgeführt wurde, die erfahrungsgemäß tödlich wirkt. Als vorsätzlich gilt ferner eine Handlung, die ihrer Art nach erfahrungsgemäß zum Tode führt, auch wenn der Täter keine Tötungsabsicht hatte. Schließlich gilt als vorsätzlich eine Handlung, die an sich nicht zum Tode führt und die der Täter auch nicht mit Tötungsabsicht ausführte, wenn das Opfer aber aufgrund einer besonderen, dem Täter bekannten Konstitution zu Tode kam (Art. 206). Eine quasi-vorsätzliche Tötung liegt dann vor, wenn der Täter willentlich eine rechtmäßige Handlung ausführte, die durch irgendwelche Umstände zum Tode eines Menschen führte, dessen Leben rechtlich geschützt war, also nicht etwa im Fall der Hinrichtung eines zum Tode Verurteilten oder im Kriegsfall. Die Konstellation "gewollte Handlung - ungewollter Erfolg" hat dazu geführt, daß man versuchte, die quasi-vorsätzlichen Delikte den erfolgsqualifizierten Delikten gleichzusetzen,[24] was jedoch nur in dem Fall zutrifft, in dem die Handlung, die den Tod zur Folge hatte, rechtswidrig war.

---

24 Naguib *Hosni*, Zu den Grundlagen des islamischen Strafrechts, ZStW 97 (1985), S. 609-625 (620).

Alle anderen Handlungen, die den Tod zur Folge haben, gelten als Fahrlässigkeitstaten. Fahrlässigkeit im Sinne der qiṣāṣ-Delikte umfaßt z.B. auch die Taten Unmündiger oder Geisteskranker sowie Schlafender oder Bewußtloser (Art. 225). Sie ist ein Begriff, der dazu dient, in jedem Fall die strafrechtliche Verantwortlichkeit für einen bestimmten Erfolg sicherzustellen.

Zu den Grundprinzipien des qiṣāṣ-Rechts gehört der Grundsatz der Gleichwertigkeit zwischen Täter und Opfer bzw. der jeweiligen Verletzung. Zur Beurteilung der Gleichwertigkeit waren etwa Geschlecht, Religion und unter Umständen auch der soziale Status heranzuziehen. Mangelnde Gleichwertigkeit hindert zwar nicht die Vergeltung des Höherwertigen und seiner Bluträcher an dem Geringerwertigen. Im umgekehrten Fall jedoch ist die Vergeltung entweder ausgeschlossen oder von teilweisen Blutgeldleistungen an den Höherwertigen abhängig. So sieht auch das geltende iranische Strafrecht vor, daß ein muslimischer Mann für die Tötung eines muslimischen Mannes hingerichtet wird (Art. 207); der Bluträcher einer muslimischen Frau aber hat die Wahl, ob er von dem männlichen muslimischen Täter ein Blutgeld in Höhe eines halben Blutgeldes für einen muslimischen Mann verlangen will oder ob er die Blutrache zwar an dem Täter üben, dann aber seinerseits dem Bluträcher des Täters ein halbes Blutgeld zahlen will (Art. 209). Eine weitere Vorschrift regelt entsprechend die Tötung von sogenannten Schutzgenossen, d.h. Christen, Juden oder Zoroastriern (Art. 210). Dagegen fehlt eine Regelung für den Fall, daß ein Muslim einen Schutzgenossen oder ein Schutzgenosse einen Muslim tötet. Nach der islamischen Lehre ist aber selbstverständlich, daß im ersten Fall die Vergeltung statthaft ist, im zweiten Fall jedoch nicht. Im Zusammenhang mit den Tötungsdelikten hat die islamische Rechtswissenschaft auch immer wieder Fallgestaltungen herausgestellt, in denen die Tat durch eine unechte Unterlassung begangen wurde, wie z.B. den Fall der Mutter, die ihr Kind verhungern läßt.

Eine Neuerung im Gesetz sieht vor, daß eine vorsätzliche Tötung auch dann bestraft werden kann, wenn kein Bluträcher vorhanden ist oder dieser auf die Vergeltung verzichtet. Besteht ein öffentliches Interesse, so kann der Täter zu drei bis zu zehn Jahren Gefängnisstrafe verurteilt werden (Art. 208).

Der Beweis einer Tötung wird zunächst wiederum durch das Geständnis des Täters oder die Aussage zweier rechtschaffener Zeugen geführt, darüber hinaus aber auch durch die qasāma, ein altertümliches Schwurverfahren, sowie das Wissen des Richters (Art. 231 ff.). Die qasāma kommt zur Anwendung, wenn dringende Indizien für die Täterschaft einer Person sprechen, aber weder ein Geständnis noch die Aussagen zweier einwandfreier Zeugen vorliegen (Art. 239). In diesem Fall wird der Angeklagte zunächst aufgefordert, Zeugen zu seinen Gunsten beizubringen. Gelingt ihm das nicht, so hat der Kläger bei einer Vorsatztat zusammen mit 49 Verwandten, die um die Tat wissen, den Eid zu leisten; bringt er diese Anzahl von Verwandten nicht zusammen, so kann er allein fünfzig Eide leisten, worauf der Beklagte verurteilt wird. Leistet er die Eide nicht, so kann sich der Angeklagte mit einem entsprechenden Verfahren freischwören. Bei unvorsätzlichen Tötungen oder bei verschiedenen Körperverletzungen ist die Zahl der Eide geringer und jeweils im Gesetz festgelegt.

Die Regelung der Vergeltung für Körperverletzungen (Art. 269-293) legt zunächst ebenfalls entsprechend der Talion bei Tötung die Einteilung in vorsätzliche, quasi-vorsätzliche und fahrlässige Taten fest und behandelt dann im wesentlichen typische Probleme, die durch die Forderung nach Gleichheit entstehen. Hier geht es weniger um die Gleichwertigkeit zwischen den Personen als um die Gleichartigkeit der Verletzungen. Zwar ist z.B. die Gleichwertigkeit der Glieder von Mann und Frau festgelegt, trotzdem hat die Frau dem Mann ein halbes Blutgeld zu zahlen, wenn sie wegen der Verletzung eines Gliedes Vergeltung übt, für das nach dem Blutgeldkatalog ein Drittel oder mehr als ein volles Blutgeld zu zahlen ist. Das Erfordernis der Gleichartigkeit eines verletzten Gliedes richtet sich nach der Lage am Körper und der Funktion, ferner kann an einem kranken Glied für das entsprechende gesunde Vergeltung geübt werden; weitere Vorschriften betreffen die Vergeltung bei Verletzungen von Augen, Ohren usf., aber auch das Ausschlagen von Milchzähnen oder gar die Verletzung eines zusätzlichen Gliedes, wie z.B. eines sechsten Fingers, das der Täter nicht hat. Körperverletzungen durch Schläge ohne Spuren, Hungern- oder Frierenlassen und dergleichen werden jedoch nicht genannt.

Grundsätzlich ist das Blutgeld (diya) bei fahrlässigen und quasivorsätzlichen Taten zu zahlen, bei Vorsatztaten nach Vereinbarung mit dem Opfer oder mit dem Bluträcher sowie in einigen weiteren Sonderfällen.

Die Trennung zwischen der Vermögensstrafe und dem zivilrechtlichen Schadensersatz ist beim Blutgeld nicht deutlich auszumachen.

Ein volles Blutgeld beträgt bei der Tötung für einen muslimischen Mann hundert Kamele, zweihundert Kühe oder tausend Hammel, die alle gesund und fehlerlos sein müssen, zweihundert jemenitische Gewänder und tausend Dinar mit einem bestimmten Goldgehalt oder zehntausend Silberdirhams (Art. 297). Das Blutgeld ist bei vorsätzlicher Tötung binnen eines Jahres, bei quasi-vorsätzlicher Tötung binnen zwei Jahren und bei fahrlässiger Tötung binnen drei Jahren zu zahlen. Zahlungspflichtig ist der Täter selbst nur bei vorsätzlicher und quasi-vorsätzlicher Tat, bei fahrlässiger Tat nur, wenn die Tat durch sein Geständnis bewiesen worden ist (Art. 304, 309). Wurde die Tat auf andere Weise bewiesen, so hat die ᶜāqila zu zahlen, ein familienrechtlicher Haftungsverband, der sich aus den männlichen, nur über die Männer verwandten Angehörigen zusammensetzt (Art. 307 f.). Allerdings kann die ᶜāqila auch dann in Anspruch genommen werden, wenn der Täter die ihm obliegende Zahlung nicht leisten kann oder sich der Zahlung entzogen hat, ohne Vermögen zu hinterlassen (Art. 313). Ist die ᶜāqila zu arm, um den nötigen Betrag binnen drei Jahren aufzubringen oder ist eine ᶜāqila nicht vorhanden, so tritt die Staatskasse ein und zahlt das Blutgeld (Art. 312). Der Geschädigte oder seine Sippe erhalten in jedem Fall das Blutgeld, der materielle Schaden belastet also nicht das Opfer.

Der Bereich der Vergeltungsstrafen und der Blutgeldzahlungen war im islamischen Recht von jeher derjenige, in dem Kausalitätsfragen sehr ins Einzelne gehend diskutiert wurden. So ist es erklärlich, daß den Kausalitätsregelungen im Gesetz ein großer Raum gewährt wird, insbesondere bei Beteiligung mehrerer (Art. 316 ff.).

Das Buch wird abgeschlossen mit einem Katalog von blutgeldpflichtigen Verletzungen (Art. 367-496), der bisweilen recht drastisch in die Details geht.

4. Das Gesetz über die islamischen Strafen (taᶜzīrāt) vom 18.5.1362/9.8.1983

Das taᶜzīrāt-Gesetz von 1983, das einem Besonderen Teil entspricht, lehnt sich eng an den Besonderen Teil des Strafgesetzbuchs von 1926 an. Das wird nicht nur durch den fast identischen Aufbau, sondern auch durch die Formulierung der einzelnen Artikel deutlich. Die einschneidendste Veränderung war die Herausnahme derjenigen Artikel, die die Straftaten regelten, die heute als ḥadd- und qiṣāṣ-Delikte gelten. Die dadurch entstandenen Lücken im Gesetz wurden nicht immer durch eine sorgfältige Redaktion des Textes ausgeglichen. So ist zu erklären, daß z.B. die im Gesetz verbliebenen Vorschriften über Diebstahl und Hehlerei sich im Abschnitt über Falscheid und Offenbarung von Geheimnissen (Art. 106 ff.) finden oder daß ein anderer Abschnitt die Überschrift "Straftaten gegen Personen und gegen Kinder" trägt. Typisch islamische Straftaten wurden kaum hinzugefügt, wenn man einmal von dem Verbot des Küssens zwischen Unverheirateten (Art. 101) oder dem Gebot für Frauen, die religiös vorgeschriebene Kleidung zu tragen, absieht (Art. 102). Herausgenommen wurde ebenfalls der Rauschgiftkonsum, der heute in Nebengesetzen geregelt ist. Angefügt wurden schließlich die Verkehrsstraftaten, die wiederum zuvor in einem eigenen Gesetz enthalten waren.[25]

Von besonderem Gewicht ist die Änderung des Strafensystems. An die Stelle der kurzen Freiheitsstrafen ist häufig die Auspeitschung getreten. Die immer wiederkehrende Zahl von vierundsiebzig Peitschenhieben bei den taᶜzīr-Strafen erklärt sich daraus, daß die niedrigste in diesem Gesetz vorkommende ḥadd-Strafe bei fünfundsiebzig Peitschenhieben liegt (Art. 138), und die Auspeitschung als taᶜzīr-Strafe der Schwere nach unter der entsprechenden ḥadd-Strafe liegen muß (Art. 16). Ferner sind in diesem taᶜzīr-Gesetz Geldstrafen weitestgehend zurückgedrängt. Was jedoch häufiger als früher vorgesehen ist, besonders im Bereich der Sachbeschädigung und der Urkundenfälschung, ist die Verurteilung zu Schadensersatz neben der Strafe, was allerdings eher auf den Gesichtspunkt der Prozeßökonomie (Vermeidung des Zivilprozesses), als etwa auf Überlegungen zur Wiedergutmachung als

25 Qānūn-i tašdīd-i muǧāzāt-i rānandagān (Gesetz über die Verschärfung von Strafen für Fahrzeugführer) vom 14. Tīr 1328 (5. Juli 1949).

Strafe zurückzuführen sein dürfte, die allerdings im islamischen Recht in einem anderen Bereich, nämlich bei den Talionsdelikten, einen angestammten Platz hat.

Erwähnt sei schließlich, daß es über diese Gesetze hinaus auch in Iran ein umfangreiches Nebenstrafrecht gibt, das in zahlreichen Gesetzen verstreut ist Die beiden im Anhang aufgeführten Gesetze wurden hier deshalb aufgenommen, weil sie Vorschriften des taᶜzīr-Gesetzes von 1983 modifizieren, auch wenn deren Wortlaut nicht verändert wurde.

Abschließend muß noch angemerkt werden, daß die persischen Gesetzestexte sprachlich nicht so präzise durchredigiert sind, wie wir das von deutschen Texten gewöhnt sind. So tauchen immer wieder leicht voneinander abweichende Formulierungen für gleiche Aussagen auf. Andere Eigenheiten ergeben sich aus der persischen Sprache, z.B. die beliebte Nebeneinanderstellung von Synonymen. So mußte immer wieder der angemessene Mittelweg zwischen der philologisch genauen Übersetzung und einem lesbaren Juristen-Deutsch gefunden werden. Da sich die Übersetzung in erster Linie an Juristen und nicht an Philologen wendet, wurde in derartigen Fällen dem deutschen Stil der Vorzug gegeben, es sei denn, es kam an der betreffenden Stelle juristisch auf die persische Formulierung an.

Gesetz über die islamischen Strafen vom 8. Mordād 1370/30. Juli 1991[1]

ERSTES BUCH

Allgemeines

Erstes Kapitel

Allgemeine Vorschriften

Art. 1 - Das Gesetz über die islamischen Strafen regelt die verschiedenen Straftaten sowie die Strafen und Maßnahmen der Sicherung und Erziehung, die gegen den Straftäter angewendet werden.

Art. 2 - Jede Handlung oder Unterlassung, für die im Gesetz eine Strafe bestimmt ist, wird als Straftat angesehen.

Art. 3 - Die Strafgesetze werden auf alle Personen angewendet, die auf dem Hoheitsgebiet der Islamischen Republik Iran, zu Lande, zu Wasser und in der Luft Straftaten begehen, sofern nicht aufgrund eines Gesetzes eine andere Regelung getroffen wurde.

Art. 4 - Wird ein Teil einer Straftat in Iran begangen und der Erfolg tritt außerhalb des iranischen Hoheitsgebiets ein oder wird ein Teil einer Straftat in Iran oder im Ausland begangen und der Erfolg tritt in Iran ein, so gilt die Straftat als in Iran begangen.

Art. 5 - Jeder Iraner oder Ausländer, der außerhalb des iranischen Hoheitsgebiets eine der folgenden Straftaten begeht und in Iran angetroffen oder nach Iran ausgeliefert wird, wird nach dem Strafgesetz der Islamischen Republik Iran bestraft.

---

1 Veröffentlicht im Amtsblatt Nr. 13640 vom 11. Dej 1370/1. Januar 1992

1. Tätigkeiten, die sich gegen die Regierung der Islamischen Republik Iran, gegen die innere und äußere Sicherheit, die territoriale Integrität oder die Unabhängigkeit der Islamischen Republik Iran richten;

2. Fälschung von Erlassen, Schreiben, Siegeln oder Unterschriften des Islamischen Führers[2] oder Gebrauchmachen von derartigen Fälschungen;

3. Fälschung von offiziellen Schreiben des Präsidenten der Republik, des Präsidenten des Parlaments, des Wächterrates, des Präsidenten des Expertenrates, des Oberhaupts der Justiz, der Vizepräsidenten der Republik, des Präsidenten des Obersten Gerichtshofs, des Generalstaatsanwalts oder eines Ministers sowie Gebrauchmachen von derartigen Fälschungen;

4. Fälschung von Banknoten, die in Iran im Umlauf sind, von iranischen Bankpapieren wie z.B. von Banken akzeptierte Tratten, von Banken ausgestellte Schecks, Bankobligationen, ebenso Fälschungen von Schatzbriefen und Anleihen, die vom Staat ausgegeben oder garantiert werden, sowie jegliches Nachmachen oder Verfälschen von Münzen, die im Inland in Umlauf sind.

Art. 6 - Straftaten, die ausländische Staatsangehörige, die im Dienste der Islamischen Republik Iran stehen, oder Staatsbedienstete im Zusammenhang mit ihrer Funktion und Tätigkeit außerhalb des Hoheitsgebiets der Islamischen Republik Iran begehen, ebenso Straftaten, die Diplomaten, konsularische Beamte oder Kulturbeauftragte des iranischen Staates begehen, die diplomatische Immunität besitzen, werden gemäß den Strafgesetzen der Islamischen Republik Iran geahndet.

Art. 7 - Abgesehen von den in den Artikeln 5 und 6 erwähnten Fällen wird jeder Iraner, der im Ausland eine Straftat begangen hat und in Iran angetroffen wird, gemäß den Strafgesetzen der Islamischen Republik Iran bestraft.

---

2 Wörtlich: Führer (rahbar); wegen der Festlegung des Begriffs "Führer" im Deutschen auf Hitler "islamisch" ergänzt. Gemeint ist die oberste Instanz in der Islamischen Republik Iran, die noch über dem Staatspräsidenten steht. Vgl. näheres *Tellenbach* (Anm. 2 Einleitung), S. 161 ff.

Art. 8 - Im Falle von Straftaten, bei denen der Täter aufgrund eines besonderen Gesetzes oder internationalen Abkommens in jedem Land, in dem er aufgegriffen wird, abgeurteilt wird, wird er, wenn er in Iran verhaftet wird, gemäß den iranischen Gesetzen abgeurteilt und bestraft.

Art. 9 - Der Straftäter muß Gegenstände, die er durch die Begehung seiner Straftat erlangt hat, wenn sie noch vorhanden sind, herausgeben. Sind sie nicht mehr vorhanden, hat er dem Besitzer entweder gleichartige Gegenstände oder den Wert zu erstatten. Außerdem muß er Schadensersatz leisten.

Art. 10 - Erläßt der Untersuchungsrichter oder der Staatsanwalt einen Einstellungsbeschluß, so muß er bestimmen, wie mit den Gegenständen zu verfahren ist, die Beweismittel für eine Straftat sind, durch diese erlangt oder bei dieser verwendet wurden oder dafür bestimmt waren, und zwar ob sie zurückgegeben, eingezogen oder vernichtet werden sollen. Der Untersuchungsrichter oder der Staatsanwalt muß außerdem, solange der Vorgang in seinen Händen liegt, auf Antrag des Betroffenen unter Berücksichtigung der folgenden Voraussetzungen eine Anordnung bezüglich der Rückgabe der obengenannten Gegenstände treffen.

1. Alle oder ein Teil dieser Gegenstände werden im Ermittlungs- oder im Hauptverfahren nicht benötigt;
2. bei allen diesen Gegenständen liegt kein Widerspruch vor;[3]
3. sie dürfen nicht zu den Gegenständen gehören, die beschlagnahmt oder vernichtet werden müssen.

Das Gericht muß in allen Strafsachen bei Erlaß eines Urteils oder eines Beschlusses oder später - ungeachtet dessen, ob diese auf Verurteilung, Freispruch oder Einstellung der Strafverfolgung gegen den Angeklagten lauten - hinsichtlich der Gegenstände, die Beweismittel für eine Straftat sind, durch die Straftat erlangt oder bei dieser verwendet wurden oder dafür bestimmt waren, eine gesonderte Verfügung erlassen und anordnen, ob sie zurückgegeben, eingezogen oder vernichtet werden.

3 Gegen die Freigabe (Anm. d. Übers.).

Erläuterung 1: Wer von dem Beschluß des Untersuchungsrichters, des Staatsanwalts, dem Beschluß oder Urteil des Gerichts betroffen ist, kann gegen die Entscheidung, soweit sie sich auf die in diesem Artikel genannten Gegenstände bezieht, Beschwerde bei den Strafgerichten einlegen und eine Überprüfung verlangen, auch wenn der Beschluß oder das Urteil in der Strafsache selbst nicht anfechtbar ist.

Erläuterung 2: Ein Gegenstand, dessen Verwahrung für den Staat unverhältnismäßige Kosten mit sich bringt oder bei dem diese zur Vernichtung oder zu einem erheblichen Wertverlust führt und die Verwahrung für das gerichtliche Verfahren auch nicht notwendig ist, sowie Gegenstände, die verderblich sind oder einer schnellen Verschlechterung unterliegen, werden je nach Fall gemäß der Anordnung des Staatsanwalts oder des Gerichts zum Tageswert verkauft und der Erlös bis zur endgültigen Feststellung der rechtlichen Verpflichtungen in der Justizkasse hinterlegt.

Art. 11 - Bei staatlichen Normen müssen Strafen und Maßnahmen der Sicherung und Erziehung auf einem Gesetz beruhen, das vor Begehung der Straftat erlassen wurde.[4] Eine Handlung oder eine Unterlassung kann nicht aufgrund eines nachträglichen Gesetzes als Straftat bestraft werden. Ergeht jedoch nach Begehung einer Straftat ein Gesetz, das eine Straferleichterung oder Straflosigkeit begründet oder in anderer Weise für die Lage des Täters günstiger ist, so wirkt es sich auf die Straftaten aus, die vor dem Erlaß dieses Gesetzes bis zur Rechtskraft des Urteils begangen wurden. Ist aufgrund eines früheren Gesetzes ein rechtskräftiges vollstreckbares Urteil ergangen, ist folgendermaßen zu verfahren:

1. Wird eine Handlung, die in der Vergangenheit eine Straftat war, aufgrund des späteren Gesetzes nicht mehr als Straftat angesehen, so wird das rechtskräftige Urteil nicht vollstreckt. Ergeht das Gesetz während der Vollstreckung, so wird diese eingestellt. In diesen beiden Fällen und ebenso in dem Fall, daß das Urteil bereits vollstreckt wurde, dürfen keinerlei strafrechtliche Folgen mehr eintreten. Diese Bestimmungen sind nicht bei Gesetzen anwendbar, die für eine bestimmte Zeit und für besondere Fälle erlassen worden sind.

---

4 D.h. nicht bei Normen, die in den Bereich des von Gott gegebenen islamischen Rechts gehören; für deren Anwendung ist die Umsetzung in Gesetze nach einem Gesetzgebungsverfahren nicht Voraussetzung.

2. Begründet ein späteres Gesetz eine Strafmilderung, kann der Verurteilte eine Strafmilderung verlangen. In diesem Fall spricht entweder das Gericht, das das Urteil gefällt hat, oder das Gericht, das an seine Stelle getreten ist, unter Berücksichtigung des nachträglichen Gesetzes die Straferleichterung aus.

Erläuterung: Wenn Strafen für eine Straftat aufgrund eines späteren Gesetzes zu Maßnahmen der Sicherung und Erziehung umgewandelt werden, so können nur diese Maßnahmen Gegenstand des Urteils sein.

Zweites Kapitel

Strafen und Maßnahmen der Sicherung und Erziehung

Erster Abschnitt

Strafen und Maßnahmen der Sicherung und Erziehung

Art. 12 - Die Strafen dieses Gesetzes sind in folgende fünf Kategorien eingeteilt:

1. Ḥadd-Strafen;[5]
2. Vergeltung;
3. Blutgeld;
4. Ta^{c}zīr-Strafen;
5. abhaltende Strafen.

Art. 13 - Ḥadd-Strafen werden diejenigen Strafen genannt, deren Art und Maß in der šarī^{c}a[6] festgelegt sind.

Art. 14 - Vergeltung ist eine Strafe, zu der der Täter verurteilt wird, und die seiner Tat entsprechen muß.

5 Plural: ḥudūd.

6 Das göttliche islamische Recht (im Gegensatz zur Rechtswissenschaft: fiqh).

Art. 15 - Blutgeld ist eine Vermögensstrafe, die vom Gesetzgeber für eine Straftat festgelegt ist.

Art. 16 - Die taʿzīr-Strafe ist eine Züchtigung bzw. eine Strafe, deren Art und Maß nicht in der šarīʿa bestimmt, sondern dem Ermessen des Richters anheimgestellt ist, wie z.B. Gefängnisstrafe, Geldstrafe oder Auspeitschung, die jedoch der Höhe nach unter der ḥadd-Strafe liegen muß.

Art. 17 - Die abhaltende Strafe ist eine Züchtigung bzw. Strafe, die von der Obrigkeit zur Wahrung der Ordnung unter Berücksichtigung des Interesses der Gesellschaft für Verstöße gegen staatliche Bestimmungen und Vorschriften festgelegt wird, wie z.B. Gefängnisstrafe, Geldstrafe, Betriebsschließung, Entzug von Erlaubnissen und Aberkennung von bürgerlichen Ehrenrechten, Verbot oder Verpflichtung, sich an einem bzw. mehreren Orten aufzuhalten, und dergleichen.

Art. 18 - Die Strafzeit bei Gefängnisstrafen beginnt mit dem Tag, an dem der Verurteilte aufgrund eines vollstreckbaren rechtskräftigen Urteils inhaftiert wird.

Erläuterung: Befand sich jedoch der Verurteilte vor Erlaß des Urteils aufgrund des Verdachts einer oder mehrerer Straftaten, die in seiner Verfahrensakte festgehalten sind, in Untersuchungshaft, so kürzt das Gericht nach Festsetzung der Strafe eine taʿzīr- oder abhaltende Strafe um die Dauer der vorhergegangenen Untersuchungshaft.

Art. 19 - Demjenigen, der wegen einer vorsätzlichen Straftat zu einer taʿzīr- oder abhaltenden Strafe verurteilt wird, kann das Gericht zur Ergänzung der taʿzīr- oder abhaltenden Strafe für eine Zeit die bürgerlichen Rechte entziehen und ihm verbieten, sich an einem bestimmten Ort oder bestimmten Orten aufzuhalten oder ihn zwingen, sich an einem bestimmten Ort aufzuhalten.

Art. 20 - Der Entzug einiger oder aller bürgerlichen Ehrenrechte, der zwangsweise Aufenthalt an einem bestimmten Ort oder das Verbot des Aufenthalts an einem bestimmten Ort müssen für eine bestimmte Zeit und in einem angemessenen Verhältnis zur Straftat und zu den persönlichen Umständen des Täters angeordnet werden. Verläßt derjenige, der zu Verbannung oder Zwangsaufenthalt an einem bestimmten Ort oder zum Verbot des Aufenthalts an einem bestimmten Ort verurteilt ist, während der Vollstreckung des Urteils den Ort oder sucht er den verbotenen Ort auf, so kann das Gericht die genannten Strafen auf Vorschlag der Staatsanwaltschaft, die das Urteil vollstreckt, in Geldstrafe oder Gefängnisstrafe umwandeln.

Art. 21 - Die Regelung der Vollstreckung von Strafurteilen und die Art der Gefängnisse richtet sich nach den Vorschriften der Strafprozeßordnung und der sonstigen Gesetze und Bestimmungen.

Zweiter Abschnitt

Strafmilderungen

Art. 22 - Bei taᶜzīr-Strafen oder abhaltenden Strafen kann das Gericht bei Vorliegen mildernder Umstände die Strafe herabsetzen oder in Strafen einer anderen Art umwandeln, die der Lage des Angeklagten angemessener sind. Umstände, die zu einer Milderung der Strafe führen können, sind

1. die Verzeihung des Anklägers oder des Adhäsionsklägers;

2. Aussagen und Hinweise des Angeklagten, die zur Ermittlung von Mittätern oder Teilnehmern an der Straftat sowie zum Auffinden von Gegenständen führen, die durch die Straftat erlangt worden sind;

3. besondere Situationen und Umstände, unter deren Einfluß der Angeklagte die Tat begangen hat, wie z.B. provozierendes Benehmen und provozierende Reden des Opfers oder das Vorliegen von ehrenhaften Motiven bei der Tatbegehung;

4. die Selbstanzeige des Angeklagten vor Beginn der Strafverfolgung oder das Geständnis während des Ermittlungsverfahrens, das zur Aufdeckung der Straftat führt;

5. besondere Umstände in der Person oder dem Vorleben des Angeklagten;

6. Maßnahmen oder Bemühungen des Angeklagten, die Folgen der Straftat abzumildern und den daraus entstandenen Schaden zu beheben.

Erläuterung 1: Das Gericht kann die Milderungsgründe auch bei Konkurrenzen berücksichtigen.

Erläuterung 2: Das Gericht ist verpflichtet, die Gründe für die Strafmilderung ausdrücklich in das Urteil aufzunehmen.

Erläuterung 3: In den Fällen, in denen dieselben Strafmilderungsgründe wie die in diesem Artikel erwähnten in besonderen Artikeln vorgesehen sind, kann das Gericht nicht aufgrund desselben Umstands die Strafe zweimal mildern.

Art. 23 - Bei Straftaten, bei denen durch die Verzeihung des durch die Tat Geschädigten die Strafverfolgung oder die Strafvollstreckung eingestellt wird, muß die Verzeihung unbedingt sein. Eine bedingte ebenso wie eine vorläufige Verzeihung entfaltet keine Wirkungen. Eine Rücknahme der Verzeihung ist unzulässig. Sind mehrere Personen durch die Straftat geschädigt worden, so wird die Strafverfolgung auf Antrag eines jeden von ihnen eingeleitet, die Einstellung der Strafverfolgung und der Strafvollstreckung hängt dagegen von der Verzeihung aller Kläger ab.

Erläuterung: Das Recht zu verzeihen geht auf den gesetzlichen Erben des durch das Verbrechen Geschädigten über. Bei Verzeihung aller Erben wird die Strafverfolgung und die Strafvollstreckung eingestellt.

Art. 24 - Begnadigung und Straferleichterung für Verurteilte werden in den Grenzen der islamischen Kriterien auf Vorschlag des Oberhaupts der Justiz durch den Islamischen Führer gewährt.

DRITTER ABSCHNITT

Strafaussetzung zur Bewährung

Art. 25 - Bei allen Verurteilungen zu ta^{c}zīr- und abhaltenden Strafen kann der Richter die gesamte Strafe oder einen Teil davon unter folgenden Voraussetzungen für zwei bis fünf Jahre zur Bewährung aussetzen:

a) Der Verurteilte wurde noch nicht zu einer der folgenden Strafen rechtskräftig verurteilt:

1. zu einer ḥadd-Strafe;
2. zum Abschneiden oder der Verletzung eines Gliedes;
3. zu mehr als einem Jahr Gefängnisstrafe wegen einer Vorsatztat;
4. zu einer Geldstrafe von mehr als zwei Millionen Rial oder
5. zu zwei oder mehr rechtskräftigen Verurteilungen wegen Vorsatztaten, unabhängig vom Strafmaß.

b) Das Gericht hält in Anbetracht der sozialen Lage, des Vorlebens des Verurteilten sowie der Umstände, die zur Tat geführt haben, die Vollstreckung der gesamten Strafe oder eines Teils davon nicht für angebracht.

Erläuterung: Bei Verurteilungen zu anderen als taᶜzīr- und abhaltenden Strafen ist eine Strafaussetzung zur Bewährung unzulässig, außer in den Fällen, die in der šarīᶜa und im positiven Recht vorgesehen sind.

Art. 26 - In den Fällen, in denen eine Geldstrafe mit einer anderen taᶜzīr-Strafe zusammentrifft, kann die Geldstrafe nicht zur Bewährung ausgesetzt werden.

Art. 27 - Die Anordnung der Strafaussetzung zur Bewährung erfolgt im Urteil und der Straftäter, für den die Vollstreckung einer Gefängnisstrafe zur Bewährung ausgesetzt wird, ist, falls er sich in Untersuchungshaft befindet, auf Weisung des Gerichts sofort freizulassen.

Art. 28 - Das Gericht legt im Urteil selbst die Gründe und Motive für die Strafaussetzung zur Bewährung sowie für die Weisungen dar, die der Verurteilte in der Bewährungszeit zu befolgen hat. Ebenso bestimmt es die Bewährungszeit nach der Art der Straftat, der persönlichen Lage des Verurteilten und unter Berücksichtigung der in Artikel 25 genannten Zeit.

Art. 29 - Das Gericht kann unter Berücksichtigung der Lage des Verurteilten und des Inhalts der Akten von dem Verurteilten während der Bewährungszeit die Ausführung folgender Weisung bzw. Weisungen verlangen. Der Verurteilte ist zur Befolgung der Weisungen des Gerichts verpflichtet:

1. das Aufsuchen eines Krankenhauses oder einer Heilanstalt zur Behandlung einer Krankheit oder Sucht;

2. das Verbot der Beschäftigung mit bestimmten Arbeiten und in einem bestimmten Gewerbe;

3. der Besuch einer Bildungseinrichtung;

4. das Verbot des öffentlichen Glücksspiels, des Verstoßes gegen religiöse Verbote und der Nichterfüllung von Pflichten oder des Umgangs mit Personen, mit denen das Gericht den Umgang für den Verurteilten für schädlich hält;

5. das Verbot des Aufenthalts an bestimmten Orten;

6. die Meldung zu bestimmten Zeiten bei einer bestimmten Person oder Behörde, die der Staatsanwalt benennt.

Erläuterung: Mißachtet ein Straftäter, dessen Strafe zur Bewährung ausgesetzt wurde, während der Bewährungszeit ohne ausreichende Entschuldigung eine der Weisungen des Gerichts, die Gegenstand dieses Artikels sind, so wird auf Antrag des Staatsanwalts von dem Gericht, das die Strafe zur Bewährung ausgesetzt hat, die Bewährungszeit nach Feststellung der Sachlage beim erstenmal um die Bewährungszeit oder um ein bis zwei Jahre verlängert; beim zweitenmal wird die Aussetzung zur Bewährung widerrufen und die ausgesetzte Strafe sofort vollstreckt.

Art. 30 - Die Vollstreckung folgender Strafurteile kann nicht zur Bewährung ausgesetzt werden:

1. Strafurteile gegen Personen, die es unternommen haben, Rauschgift einzuführen, herzustellen oder zu verkaufen, oder die in irgendeiner Weise die Täter der genannten Taten unterstützt haben;

2. Strafurteile gegen Personen, die wegen Unterschlagung, Bestechlichkeit, Betrugs, Fälschung oder Gebrauchs von gefälschten Papieren, Veruntreuung, Diebstahls, auf den keine ḥadd-Strafe steht, oder Menschenraubs verurteilt worden sind;

3. Strafurteile gegen Personen, die in irgendeiner Weise bei der Begehung von Taten Hilfe geleistet haben, die mit ḥadd-Strafen bedroht sind.

Art. 31 - Eine Aussetzung zur Bewährung von Strafen, die mit Rechten der Menschen verbunden sind,[7] hat keine Wirkungen auf die Rechte der Menschen, und das Urteil auf Zahlung von Schadensersatz an den Adhäsionskläger wird in diesen Fällen vollstreckt.

Art. 32 - Begeht der Verurteilte vom Erlaß des Urteils an, das die Strafe zur Bewährung aussetzt, während der Zeit, die vom Gericht festgesetzt worden ist, keine neue Tat, die eine der in Artikel 25 genannten Verurteilungen nach sich zieht, so wird die Verurteilung, die zur Bewährung ausgesetzt wurde, als folgenlos betrachtet und aus seinem Strafregisterblatt getilgt. Für alle, die zu Strafen mit Bewährung verurteilt worden sind, muß unverzüglich nach Rechtskraft des Urteils von seiten der zuständigen Staatsanwaltschaft ein Strafregisterblatt angelegt und an die zuständigen Stellen gesandt werden. Wird die Dauer der Bewährungszeit geändert oder die Entscheidung, die die Bewährung anordnet, widerrufen, muß dies unverzüglich den zuständigen Stellen zur Eintragung in das Strafregisterblatt des Verurteilten mitgeteilt werden.

Erläuterung: In den Fällen, in denen aufgrund von dienstrechtlichen Gesetzen die Verurteilung eine Entlassung zur Folge hat, gibt es keine Strafaussetzung zur Bewährung, außer wenn diese in Gesetzen oder im Urteil des Gerichts vorgesehen ist.[8]

Art. 33 - Begeht derjenige, bei dem die Vollstreckung des rechtskräftigen Strafurteils zur Bewährung ausgesetzt wurde, in der vom Gericht festgesetzten Frist eine neue Straftat, die eine der in Artikel 25 genannten Verurteilungen nach sich zieht, so muß mit der Rechtskraft das Gericht, das die vor-

---

7 Rechte der Menschen und Rechte Gottes: Die Strafansprüche sind in göttliche und menschliche Rechtsansprüche geteilt, je nach dem verletzten Interesse. Ist das Recht eines Individuums verletzt, so spricht man von der Verletzung menschlicher Rechtsansprüche; die göttlichen Rechtsansprüche dagegen werden heute mit den Interessen der Gemeinschaft gleichgesetzt.

8 Dieser Satz ist redaktionell verunglückt; gemeint ist: außer wenn diese ausnahmsweise im Gesetz vorgesehen ist und im Urteil gewährt wird.

hergehende Strafaussetzung zur Bewährung ausgesprochen hat, oder das Gericht, das an seine Stelle getreten ist, deren Widerruf verkünden, so daß auch das zur Bewährung ausgesetzte Urteil gegen den Verurteilten vollstreckt werden kann.

Art. 34 - Wird nach Anordnung der Strafaussetzung zur Bewährung bekannt, daß der Verurteilte bereits wegen einer Straftat verurteilt worden ist, die eine der in Artikel 25 genannten Verurteilungen nach sich zieht, und hat das Gericht die Vollstreckung der Strafe ohne deren Berücksichtigung zur Bewährung ausgesetzt, so beantragt der Staatsanwalt unter Bezugnahme auf die frühere Verurteilung beim Gericht den Widerruf der Strafaussetzung. Nach Feststellung des Bestehens der früheren Verurteilung widerruft das Gericht die Strafaussetzung zur Bewährung.

Art. 35 - Bei Erlaß des Urteils, das die Strafe zur Bewährung aussetzt, belehrt das Gericht den Verurteilten eingehend über die Wirkung einer Nichtbefolgung der Weisungen des Gerichts und stellt klar, daß, falls er in der Bewährungszeit eine neue Straftat begeht, die eine der in Artikel 25 genannten Verurteilungen nach sich zieht, zusätzlich zur Verurteilung wegen der letzten Straftat auch die zur Bewährung ausgesetzte Strafe gegen ihn vollstreckt wird.

Art. 36 - Die Bestimmungen, die die Strafaussetzung zur Bewährung betreffen, sind nicht auf Personen anwendbar, die wegen mehrerer Vorsatztaten verurteilt werden. Ergehen wegen Vorsatztaten gegen ein und dieselbe Person mehrere rechtskräftige Urteile, unter denen sich auch eines befindet, das die Aussetzung der Strafe zur Bewährung anordnet, so ist der Staatsanwalt, der die Urteile vollstreckt, verpflichtet, den Widerruf der Strafaussetzung zur Bewährung bei dem Gericht zu beantragen, das das Urteil erlassen hat. Das Gericht widerruft den entsprechenden Beschluß bzw. die entsprechenden Beschlüsse.

Art. 37 - Wird der zu Gefängnisstrafe Verurteilte, der die Strafe verbüßt, vor Beendigung der Haftzeit geisteskrank, so wird er nach Einholung eines amtsärztlichen Gutachtens im Falle der Bestätigung der Geisteskrankheit in eine psychiatrische Klinik verlegt; die Zeit des Aufenthalts in dieser gilt als Teil seiner Strafzeit. Steht keine psychiatrische Klinik zur Verfügung, so kann er nach Ermessen des Staatsanwalts an einem geeigneten Ort untergebracht und bewacht werden.

VIERTER ABSCHNITT

Bedingte Entlassung von Gefangenen

Art. 38 - Ist jemand zum erstenmal wegen der Begehung einer Straftat zu Gefängnisstrafe verurteilt worden und hat er bei Straftaten, deren gesetzliche Strafe mehr als drei Jahre Gefängnisstrafe beträgt, zwei Drittel, und bei Straftaten, deren gesetzliche Strafe bis zu drei Jahren Gefängnisstrafe beträgt, ein Drittel der Strafzeit verbüßt, so kann das Gericht, das die rechtskräftige Verurteilung ausgesprochen hat, ein Urteil auf bedingte Entlassung fällen, wenn folgende Voraussetzungen erfüllt sind:

1. wenn der Verurteilte während der Zeit des Strafvollzugs beständig gute Führung gezeigt hat;

2. wenn nach der Lage und den Umständen des Verurteilten vorauszusehen ist, daß er nach der Entlassung keine Straftat mehr begehen wird;

3. wenn er bis zu dem Zeitpunkt, der ihm möglich ist, den Schaden ersetzt hat, der Gegenstand des Gerichtsurteils war oder bei dem der Adhäsionskläger eine Zustimmungserklärung (in bezug auf die Schadensregulierung) abgegeben hat, oder wenn er die Zahlung versprochen hat, und bei einer Gefängnisstrafe, die mit einer Geldstrafe verbunden ist, den genannten Betrag zahlt oder mit Zustimmung des Staatsanwalts einen Plan zur Zahlung aufgestellt hat.

Erläuterung 1: Die in Nr. 1 und 2 genannten Umstände müssen vom Leiter des Gefängnisses, in dem die Strafe verbüßt wird, sowie von dem Staatsanwalt, der die Aufsicht über das Gefängnis führt, oder von dem örtlichen Staatsanwalt bestätigt werden, und die in Nr. 3 genannten Umstände von dem Staatsanwalt, der mit der Strafvollstreckung betraut ist.

Erläuterung 2: Im Falle der Aufhebung des Gerichts, das das Urteil erlassen hat, obliegt das Urteil über die bedingte Entlassung dem Gericht, das an seine Stelle getreten ist.

Erläuterung 3: Das Gericht legt die Regeln und Bedingungen, die der Verurteilte während der Dauer der bedingten Entlassung zu beachten bzw. zu erfüllen hat, im Urteil fest, wie z.B. das Gebot oder Verbot der Wohnsitznahme an einem bestimmten Ort, das Verbot des Aufenthalts an einem bestimmten Ort oder das Verbot der Beschäftigung mit bestimmten Arbeiten, Meldepflichten bei bestimmten Stellen und dergleichen. Erfüllt er die genannten Bedingungen nicht oder begeht er eine weitere Straftat, so wird der Rest der Strafzeit aufgrund einer Entscheidung des Gerichts, das das Urteil gefällt hat, vollstreckt.

Art. 39 - Der Erlaß des Urteils über die bedingte Entlassung erfolgt auf Vorschlag des Amts für das Gefängniswesen[9] mit Zustimmung des Staatsanwalts oder des aufsichtführenden Staatsanwalts.

Art. 40 - Die Dauer der bedingten Entlassung liegt nach dem Ermessen des Gerichts zwischen mindestens einem Jahr und höchstens fünf Jahren.

Drittes Kapitel

Die Straftaten

Erster Abschnitt

Der Versuch einer Straftat

Art. 41 - Faßt jemand den Vorsatz zu einer Straftat und beginnt mit seiner Verwirklichung, wird aber die beabsichtigte Straftat nicht ausgeführt, so wird er, falls die Handlungen, die er ausgeführt hat, bereits eine Straftat darstellen, mit der Strafe für diese Straftat bestraft.

---

9 Wörtlich: "Organisation für die Gefängnisse"; diese oberste Gefängnisbehörde ist direkt dem Oberhaupt der Justiz unterstellt.

Erläuterung 1: Der Vorsatz zur Begehung einer Straftat allein sowie Handlungen, die nur eine Vorbereitung darstellen und keine direkte Verbindung zur Begehung der Straftat haben, sind kein Versuch der Straftat und daher nicht strafbar.

Erläuterung 2: Wer den Versuch einer Straftat unternommen hat und aus eigenem Willen davon abläßt, wird, wenn die ausgeführten Handlungen eine Straftat darstellen, unter Anwendung eines Strafmilderungsgrundes bestraft.

Zweiter Abschnitt

Täter und Teilnehmer

Art. 42 - Begeht jemand wissentlich und willentlich zusammen mit einer oder mehreren anderen Personen eine mit ta^c^zīr-Strafe oder abhaltender Strafe bedrohte Tat und beruht die Straftat auf dem Tun aller - sei es, daß das Handeln eines jeden von ihnen allein zur Begehung der Straftat ausreicht oder nicht, und sei es, daß das Gewicht ihrer Handlungen gleichwertig oder verschieden ist -, so wird er als Mittäter angesehen und wie ein Alleintäter bestraft. Bei unvorsätzlichen Straftaten, die auf der Fahrlässigkeit von zwei oder mehr Personen beruhen, ist die Strafe für jeden ebenfalls die Strafe des Alleintäters.

War das Gewicht des Tatbeitrags eines Mittäters für die Vollendung der Straftat gering, so mildert das Gericht die Strafe im Verhältnis zum Gewicht seines Tuns.

Art. 43 - Folgende Personen werden als Teilnehmer an der Straftat angesehen und unter Berücksichtigung der Bedingungen und Möglichkeiten des Schuldigen sowie einer Wiederholung der Tat und unter Berücksichtigung der Strafe als Warnung und Abschreckung sowie der Art der ta^c^zīr-Strafe mit einer solchen bestraft:

1. wer durch Anstiftung, Verlockung, Drohung oder Bestechung in einer Person den Entschluß zur Begehung einer Straftat hervorruft oder durch Hinterlist, Täuschung oder Betrug die Begehung einer Straftat herbeiführt;

2. wer wissentlich und willentlich die Mittel zur Begehung einer Straftat beschafft oder in Kenntnis des Vorsatzes des Täters diesem Wege zur Begehung der Straftat aufzeigt;

3. wer wissentlich und willentlich die Begehung einer Straftat erleichtert.

Erläuterung 1: Voraussetzung für die Verwirklichung der Teilnahme an der Straftat ist das Vorhandensein der Einheit des Vorsatzes und des Vorgehens bzw. die zeitliche Nähe zwischen dem Tun des Teilnehmers und dem des direkten Täters.

Erläuterung 2: Ist für die Teilnahme an der Straftat im geschriebenen Gesetz oder in der šarīᶜa eine besondere Strafe vorgesehen, so wird diese Strafe vollstreckt.

Art. 44 - Kann der Täter aus irgendeinem rechtlichen Grund nicht verfolgt und bestraft werden oder wird die Verfolgung oder Vollstreckung des Strafurteils aus irgendeinem rechtlichen Grund eingestellt, hat dies keine Auswirkungen auf den Teilnehmer.

Art. 45 - Die Anführerschaft bei zwei oder mehr Personen bei der Begehung einer Straftat, ungeachtet dessen, ob bei der Tat Mittäterschaft oder Teilnahme vorlag, stellt einen Strafschärfungsgrund dar.

Dritter Abschnitt

Konkurrenzen

Art. 46 - Erfüllt eine einzige Tat mehrere Straftatbestände, so wird bei den Straftaten, die mit taᶜzīr-Strafen zu bestrafen sind, die Strafe für diejenige Tat verhängt, deren Strafe die schwerste ist.

Art. 47 - Bei Konkurrenz muß, wenn verschiedenartige Straftaten begangen worden sind, für jede dieser Straftaten gesondert eine Strafe bestimmt werden. Handelt es sich um gleichartige Taten, so wird eine einzige Strafe bestimmt, wobei jedoch in diesem Fall die Konkurrenz Strafschärfungsgrund sein kann. Wird die Gesamtheit der Straftaten vom Gesetz als besonderer Straftatbestand angesehen, so wird der Täter nach den im Gesetz dafür vorgesehenen Strafen verurteilt.

Erläuterung: Für die Konkurrenzen bei ḥadd-Strafen, Vergeltungsstrafen und Blutgeld gilt diejenige Vorschrift, die in den entsprechenden Kapiteln aufgeführt ist.

VIERTER ABSCHNITT

Rückfall

Art. 48 - Ist jemand aufgrund eines gerichtlichen Urteils zu einer taᶜzīr-Strafe oder einer abhaltenden Strafe verurteilt worden, so kann das Gericht, falls er nach Vollstreckung des Urteils erneut eine taᶜzīr-Strafe begeht, die taᶜzīr- oder abhaltende Strafe, sofern erforderlich, verschärfen.

Erläuterung: Wenn im Augenblick des Erlasses des Urteils frühere Verurteilungen des Täters nicht bekannt sind, aber später bekannt werden, so teilt der Staatsanwalt diese Umstände dem Gericht mit, das das Urteil erlassen hat. Erachtet das Gericht die früheren Verurteilungen für gegeben, kann es gemäß den Vorschriften dieses Artikels verfahren.

Viertes Kapitel

Grenzen der strafrechtlichen Verantwortlichkeit

Art. 49 - Kinder sind im Falle der Begehung einer Straftat frei von strafrechtlicher Verantwortlichkeit. Ihre Erziehung wird nach dem Ermessen des Gerichts ihrem Vormund und soweit erforderlich dem Verein für Besserung und Erziehung von Kindern übertragen.

Erläuterung 1: Als Kind wird eine Person angesehen, die die gesetzliche Strafmündigkeit[10] noch nicht erreicht hat.

Erläuterung 2: Erscheint zur Erziehung des Kindes eine körperliche Züchtigung notwendig, muß diese in Maßen und zu seinem Wohl erfolgen.

Art. 50 - Begeht ein Unmündiger eine Tötung oder eine Körperverletzung, so haftet die ᶜāqila,[11] im Falle der Vernichtung von Vermögenswerten anderer haftet das Kind selbst und die Zahlung aus dem Vermögen obliegt dem Sorgeberechtigten.

Art. 51 - Geistesgestörtheit in welchem Grade auch immer führt zum Ausschluß der strafrechtlichen Verantwortlichkeit.

Erläuterung 1: Sofern eine Züchtigung des Täters Wirkungen hat, wird er gemäß dem Urteil des Gerichts gezüchtigt.

Erläuterung 2: Bei zeitweiliger Geistesgestörtheit ist Geistesgestörtheit im Augenblick der Tatbegehung Voraussetzung für den Ausschluß der strafrechtlichen Verantwortlichkeit.

Art. 52 - War jemand im Augenblick der Tatbegehung geistesgestört oder wird er danach geisteskrank und wird die Geisteskrankheit wie auch der gefährliche Zustand des Geisteskranken durch Einholung eines Sachverständigengutachtens festgestellt, so wird dieser auf Anordnung des Staatsanwalts bis zur Beendigung des Zustands an einem geeigneten Ort untergebracht. Er kann auf Anordnung des Staatsanwalts freigelassen werden. Der Untergebrachte und seine Angehörigen können gegen die Anordnung des Staatsanwalts Beschwerde bei dem Gericht einlegen, das die Zuständigkeit für das Verfahren in der Hauptsache hat. Das Gericht prüft in diesem Fall die Sache außerhalb der Reihenfolge in einer Verwaltungssitzung in Gegenwart des Beschwerdeführers und des Staatsanwalts oder seines Vertreters unter Einholung des Gutachtens eines Sachverständigen und erläßt den erforderlichen Beschluß in bezug auf die Freilassung des Verwahrten oder die Bestätigung der Anordnung der Staatsanwaltschaft. Diese Entscheidung ist unanfechtbar.

---

10 Mündig ist nach islamischem Recht derjenige, der die Geschlechtsreife erlangt hat; unabhängig davon finden sich dazu Altersangaben, die für Mädchen 9, für Knaben 15 Jahre betragen (vgl. Art. 1210 iran.ZGB).

11 Siehe die Definition in Art. 307.

Der Untergebrachte oder seine Angehörigen haben jedoch das Recht, gegen die Anordnung der Staatsanwaltschaft Beschwerde einzulegen, sobald sich Anzeichen der Besserung zeigen.

Art. 53 - Verliert eine Person ihren freien Willen unter dem Einfluß des Konsums alkoholischer Getränke und wird bewiesen, daß berauschende alkoholische Substanzen mit dem Ziel der Tatbegehung konsumiert wurden, so wird der Täter sowohl wegen des Alkoholgenusses als auch wegen der Straftat, die er begangen hat, verurteilt.

Art. 54 - Bei den mit taᶜzīr-Strafen und abhaltenden Strafen bedrohten Straftaten wird derjenige nicht bestraft, der aufgrund eines Zwangs gehandelt hat, der erfahrungsgemäß unwiderstehlich ist. In diesem Fall wird der Zwangausübende zu der Strafe für den Täter verurteilt, wobei die Bedingungen und Möglichkeiten des Schuldigen, eine Wiederholung der Tat, die Strafe als Warnung und Abschreckung sowie die Art der taᶜzīr-Strafe berücksichtigt werden.

Art. 55 - Wer während einer großen Gefahr wie z.B. einer Feuersbrunst, einer Überschwemmung oder einem Sturm zur Erhaltung seines Lebens oder seines Vermögens oder des Lebens oder Vermögens eines anderen eine Straftat begeht, wird nicht bestraft, vorausgesetzt, daß er die Gefahr nicht vorsätzlich herbeigeführt hat und sein tatbestandsmäßiges Handeln im Verhältnis zu der gegenwärtigen Gefahr angemessen und zu deren Beseitigung notwendig war.

Erläuterung: Blutgeldzahlung und vermögensmäßige Haftung sind von der Vorschrift dieses Artikels ausgenommen.

Art. 56 - Mit Strafe bedrohte Handlungen werden in folgenden Fällen nicht als Straftaten angesehen:

1. wenn die Begehung der Tat auf Befehl eines gesetzlichen Vorgesetzten erfolgte und auch nicht der šarīᶜa widersprach;

2. wenn die Begehung der Tat zur Erfüllung eines vorrangigen Gesetzes notwendig war.

Art. 57 - Wird eine Straftat in Befolgung des rechtswidrigen Befehls einer öffentlichen Behörde begangen, so werden Befehlender und Untergebener zu den gesetzlich festgelegten Strafen verurteilt. Führte aber ein Untergebener den Befehl des Vorgesetzten aufgrund eines entschuldbaren Irrtums in der Annahme aus, er sei rechtmäßig, so wird er nur zur Zahlung des Blutgeldes bzw. der vermögensmäßigen Haftung verurteilt.

Art. 58 - Wird jemand durch das schuldhafte Verhalten oder den Irrtum des Richters über Tatsachen oder bei der Anwendung einer Vorschrift auf einen bestimmten Fall ein materieller oder immaterieller Schaden zugefügt, so haftet bei einem materiellen Schaden und schuldhaftem Handeln der schuldhaft Handelnde nach den Kriterien des Islam, andernfalls wird der Schaden vom Staat ersetzt. Hat bei einem immateriellen Schaden das schuldhafte Handeln oder der Irrtum des Richters die Ehre einer Person verletzt, so werden Maßnahmen zu ihrer Rehabilitierung getroffen.

Art. 59 - Folgende Handlungen werden nicht als Straftaten angesehen:

1. Maßnahmen der Eltern, des gesetzlichen Vertreters oder des Vormunds von Kindern und Entmündigten, die zu ihrer Züchtigung und ihrem Schutz ergriffen werden, wenn sie sich im Rahmen des dabei Üblichen halten;

2. jede Art von gesetzmäßigem chirurgischem oder ärztlichem Handeln, das mit der Einwilligung des Betroffenen, seiner Eltern, seines Vormunds oder gesetzlichen Vertreters und lege artis sowie unter Beachtung der staatlichen Bestimmungen erfolgt. In Eilfällen ist das Einholen der Einwilligung nicht erforderlich;

3. Unfälle beim Sport, sofern der Unfall nicht durch die Verletzung der Regeln dieses Sports verursacht wurde und diese Vorschriften selbst den Prinzipien der šariᶜa nicht widersprechen.

Art. 60 - Erhält ein Arzt vor Beginn einer Heilbehandlung oder eines chirurgischen Eingriffs von dem Kranken oder seinem gesetzlichen Vertreter eine Haftungsfreistellung, so haftet er nicht für den Schaden am Leben und am Vermögen oder wegen des Verlusts eines Gliedes. In Eilfällen, in denen eine solche Haftungsfreistellung nicht eingeholt werden kann, haftet der Arzt nicht.

Art. 61 - Wer eine Handlung ausführt, die einen Straftatbestand erfüllt, um das eigene Leben, die Ehre, das Ansehen, das Vermögen oder die körperliche Freiheit oder die eines anderen gegen irgendeinen tätlichen Angriff oder die unmittelbare Gefahr eines solchen zu verteidigen, wird beim Zusammentreffen folgender Voraussetzungen nicht verfolgt und nicht bestraft:

1. wenn die Verteidigung gegen den Angriff oder die Gefahr angemessen ist;

2. wenn die strafbare Handlung über das Erforderliche nicht hinausgeht;

3. wenn staatliche Hilfe im konkreten Fall ohne Zeitverlust nicht erreichbar oder ihr Eingreifen zur Beseitigung des Angriffs oder der Gefahr wirkungslos ist.

Erläuterung: Die Verteidigung von Leben, Ansehen, Ehre, Vermögen oder Freiheit eines anderen ist dann erlaubt, wenn er sich nicht selbst verteidigen kann und der Hilfe bedarf.

Art. 62 - Widerstand gegen Sicherheits- und militärische Kräfte in Fällen, in denen diese Kräfte ihre Pflicht erfüllen, wird nicht als Verteidigung angesehen. Überschreiten jedoch diese die Grenzen ihrer Funktionen und besteht nach den vorhandenen Anzeichen die Besorgnis, daß ihre Handlungen zu einer Tötung oder Körperverletzung oder zu Angriffen auf die Ehre oder das Ansehen führen, ist die Verteidigung erlaubt.

ZWEITES BUCH

Die ḥadd-Strafen

Erstes Kapitel

Die ḥadd-Strafen für unerlaubten Geschlechtsverkehr[12]

Erster Abschnitt

Definition und Strafgrund bei ḥadd-Strafen für unerlaubten Geschlechtsverkehr

Art. 63 - Unerlaubter Geschlechtsverkehr ist die geschlechtliche Vereinigung eines Mannes mit einer Frau, mit der ihm diese verboten ist, auch durch Analverkehr oder auf ähnliche Weise, sofern nicht ein Irrtumsfall vorliegt.

Art. 64 - Der unerlaubte Geschlechtsverkehr zieht eine ḥadd-Strafe nach sich, wenn beim Täter bzw. der Täterin folgende Eigenschaften vorlagen: Mündigkeit, geistige Gesundheit, Freiwilligkeit, Kenntnis der Vorschrift und der Tatsachen.

Art. 65 - Wissen eine Frau oder ein Mann, daß der Geschlechtsverkehr mit dem jeweils anderen verboten ist, weiß dieser das aber nicht, sondern vermutet es nur, so ist die Tat für ihn erlaubt; wer jedoch in Kenntnis des Verbots handelt, wird zu der ḥadd-Strafe für unerlaubten Geschlechtsverkehr verurteilt.

---

12 Zinā': Häufig unrichtig mit Ehebruch oder gar Unzucht übersetzt. Der Begriff bezeichnet jeden Geschlechtsverkehr, der nicht durch Ehe (früher auch durch ein Sklavenverhältnis) legitimiert ist.

Art. 66 - Behaupten ein Mann und eine Frau, die miteinander Geschlechtsverkehr haben, sich geirrt oder in Unkenntnis des Verbots gehandelt zu haben, so wird die Behauptung ohne Zeugen und Eid für wahr angesehen, wenn die Wahrscheinlichkeit besteht, daß sie aufrichtig sind, und die ḥadd-Strafe entfällt.

Art. 67 - Behauptet ein Mann oder eine Frau, daß er bzw. sie zum unerlaubten Geschlechtsverkehr gezwungen worden sei, so wird diese Behauptung für wahr angesehen, wenn das Gegenteil nicht zweifelsfrei feststeht.

ZWEITER ABSCHNITT

Gerichtliche Beweismittel für den unerlaubten Geschlechtsverkehr

Art. 68 - Gesteht ein Mann oder eine Frau viermal vor dem Richter den unerlaubten Geschlechtsverkehr, so wird er bzw. sie zu einer ḥadd-Strafe verurteilt. Wenn er bzw. sie weniger als viermal gesteht, so ist eine taᶜzīr-Strafe verwirkt.

Art. 69 - Das Geständnis ist rechtserheblich, wenn beim Gestehenden folgende Eigenschaften vorliegen: Mündigkeit, geistige Gesundheit, Freiwilligkeit und Vorsatz.

Art. 70 - Das Geständnis muß klar oder zumindest so eindeutig zu verstehen sein, daß keine vernünftige Möglichkeit für das Gegenteil besteht.

Art. 71 - Gesteht eine Person einen unerlaubten Geschlechtsverkehr und leugnet ihn später, so entfällt die ḥadd-Strafe, wenn sie einen unerlaubten Geschlechtsverkehr gestanden hat, auf den Tötung oder Steinigung stehen. In den anderen Fällen läßt ein Leugnen nach einem Geständnis die ḥadd-Strafe nicht entfallen.

Art. 72 - Gesteht eine Person einen unerlaubten Geschlechtsverkehr, auf den eine ḥadd-Strafe steht, und bereut ihn später, so kann der Richter einen Antrag auf Begnadigung beim Herrscher[13] stellen oder die ḥadd-Strafe anwenden.

Art. 73 - Wird eine Frau schwanger, die keinen Ehemann hat, so begründet die Tatsache der Schwangerschaft allein keine ḥadd-Strafe, außer wenn mit einem der in diesem Gesetz genannten Beweismittel ein unerlaubter Geschlechtsverkehr bewiesen wird.

Art. 74 - Der unerlaubte Geschlechtsverkehr wird durch vier rechtschaffene männliche Zeugen oder durch drei rechtschaffene männliche und zwei rechtschaffene weibliche Zeugen bewiesen, und zwar sowohl in dem Fall, in dem auf die Tat die ḥadd-Strafe der Auspeitschung, als auch in dem Fall, in dem auf die Tat die ḥadd-Strafe der Steinigung steht.

Art. 75 - Steht auf den unerlaubten Geschlechtsverkehr nur die ḥadd-Strafe der Auspeitschung, so kann er auch durch das Zeugnis von zwei unbescholtenen Männern und vier unbescholtenen Frauen bewiesen werden.

Art. 76 - Das Zeugnis von Frauen allein oder zusammen mit dem Zeugnis eines einzigen unbescholtenen Mannes beweist den unerlaubten Geschlechtsverkehr nicht, vielmehr wird gegen derartige Zeugen die ḥadd-Strafe wegen Verleumdung angewendet.

Art. 77 - Das Zeugnis des Zeugen muß klar und zweifelsfrei sein und auf eigener Beobachtung beruhen; ein Zeugnis vom Hörensagen ist unbeachtlich.

Art. 78 - Sagen die Zeugen zum Gegenstand ihres Zeugnisses über Einzelheiten aus, so dürfen die Aussagen hinsichtlich Ort und Zeit und vergleichbare Umstände nicht voneinander abweichen. Im Fall von Abweichungen bei den Zeugenaussagen ist der unerlaubte Geschlechtsverkehr nicht nur

---

13 Walī l-amr, wörtlich: Sachwalter.

nicht bewiesen, vielmehr werden die Zeugen noch zu einer ḥadd-Strafe wegen Verleumdung verurteilt.

Art. 79 - Die Zeugen müssen ihr Zeugnis einer nach dem anderen ablegen. Legen einige von ihnen das Zeugnis ab und erscheinen die anderen nicht unmittelbar darauf oder legen nicht unmittelbar darauf ihr Zeugnis ab, so ist der unerlaubte Geschlechtsverkehr nicht bewiesen. In diesem Fall werden die Zeugen mit einer ḥadd-Strafe wegen Verleumdung belegt.

Art. 80 - Außer in den Fällen, die in den folgenden Artikeln genannt sind, muß die ḥadd-Strafe sofort vollstreckt werden.

Art. 81 - Bereut die Frau oder der Mann, die einen unerlaubten Geschlechtsverkehr begangen haben, bevor die Zeugen ausgesagt haben, so entfällt die ḥadd-Strafe. Bereuen sie dagegen erst nachdem die Zeugen ausgesagt haben, so entfällt die ḥadd-Strafe nicht.

Dritter Abschnitt

Arten der ḥadd-Strafe für unerlaubten Geschlechtsverkehr

Art. 82 - In den folgenden Fällen ist die ḥadd-Strafe die Todesstrafe, wobei es keinen Unterschied macht, ob jemand jung ist oder nicht,[14] oder ob jemand muḥṣin ist oder nicht.[15]

a) Der unerlaubte Geschlechtsverkehr zwischen Personen, wenn ein Eheverbot wegen Verwandtschaft besteht;

b) der unerlaubte Geschlechtsverkehr mit der Frau des Vaters führt zur Hinrichtung des Täters;

14 Nach einer Mindermeinung in der schiitischen Lehre sollen Alte (d.h. Erfahrene) noch zusätzlich ausgepeitscht werden.

15 Vgl. die gesetzliche Definition in Art. 83.

c) der unerlaubte Geschlechtsverkehr eines Nichtmuslims mit einer Muslimin führt zur Hinrichtung für denjenigen, der den Geschlechtsverkehr vollzieht;

d) der unerlaubte Geschlechtsverkehr unter Anwendung von Gewalt führt zur Hinrichtung für denjenigen, der die Gewalt anwendet.

Art. 83 - In den folgenden Fällen ist die ḥadd-Strafe die Steinigung.

a) Der unerlaubte Geschlechtsverkehr eines Mannes, der muḥṣin ist, d.h. eines Mannes, der eine ständige Gattin[16] hat, ihr beigewohnt hat und ihr zu jeder Zeit, die er möchte, beiwohnen kann, zieht die Steinigung nach sich;

b) der unerlaubte Geschlechtsverkehr einer Frau, die muḥṣina ist, d.h. einer Frau, die einen ständigen Ehemann hat, der mit ihr die Ehe, während sie geistig gesund war, vollzogen hat und die die Möglichkeit hat, mit ihrem Mann Geschlechtsverkehr zu haben, zieht die Steinigung nach sich, wenn sie unerlaubten Geschlechtsverkehr mit einem mündigen Mann hatte;

Erläuterung: Der unerlaubte Geschlechtsverkehr einer Frau, die muḥṣina ist, mit einem unmündigen Mann zieht die ḥadd-Strafe der Auspeitschung nach sich.

Art. 84 - An einem alten Mann bzw. einer alten Frau, die einen unerlaubten Geschlechtsverkehr gehabt haben, und die die Bedingungen des muḥṣin-Seins erfüllen, wird vor der Steinigung auch die Strafe der Auspeitschung vollzogen.

Art. 85 - Eine vorläufige Scheidung vor Ablauf der Wartefrist entläßt Mann und Frau nicht aus dem Status des muḥṣin-Seins, sondern erst ihre endgültige Scheidung.[17]

---

16 Die Schiiten (nicht aber die Sunniten) kennen zwei Formen von Ehe, die unbefristete Vollehe und die Zeitehe (mutᶜa), die von vornherein nur für bestimmte Zeit geschlossen wird und der Frau weniger Rechte gibt.

17 Je nach der verwendeten Scheidungsformel endet die Ehe sofort oder läßt dem Mann ein Widerrufsrecht bis zum Ende der ᶜidda, d.h. der etwa viermonatigen Frist, während der sich eine verwitwete oder geschiedene Frau nicht wieder verheiraten darf.

Art. 86 - Der unerlaubte Geschlechtsverkehr eines Mannes oder einer Frau, die einen ständigen Ehegatten haben, die aber wegen einer Reise, Haft oder ähnlicher berechtigter Gründe nicht mit ihm zusammen sein können, wird nicht mit der Steinigung bestraft.

Art. 87 - Der verheiratete Mann, der vor dem Vollzug der Ehe einen unerlaubten Geschlechtsverkehr vollzieht, wird zur ḥadd-Strafe der Auspeitschung, des Kahlscherens des Kopfes und zu einem Jahr Verbannung verurteilt.

Art. 88 - Die ḥadd-Strafe für den unerlaubten Geschlechtsverkehr von Männern und Frauen, bei denen die Voraussetzungen des muḥṣin-Seins nicht vorliegen, ist hundert Peitschenhiebe.

Art. 89 - Die Wiederholung des unerlaubten Geschlechtsverkehrs vor der Vollstreckung der ḥadd-Strafe führt nicht zur Wiederholung der ḥadd-Strafe, wenn die Strafen gleichartig sind; sind die Strafen jedoch ungleichartig, wenn z.B. ein Teil in Auspeitschung und ein anderer Teil in der Steinigung besteht, so wird vor der Steinigung des Täters die ḥadd-Strafe der Auspeitschung vollzogen.

Art. 90 - Vollzieht ein Mann oder eine Frau mehrmals einen unerlaubten Geschlechtsverkehr und wurde jedesmal die ḥadd-Strafe an ihm bzw. an ihr vollstreckt, so wird er bzw. sie beim viertenmal getötet.

Art. 91 - Solange eine Frau schwanger ist oder stillt, wird die ḥadd-Strafe der Tötung oder Steinigung nicht vollstreckt; dasselbe gilt für die Zeit nach der Niederkunft, wenn das Neugeborene niemanden hat, der für es aufkommt und die Gefahr besteht, daß es stirbt; wird aber jemand gefunden, der für das Kind aufkommt, so wird die ḥadd-Strafe an der Mutter vollstreckt.

Art. 92 - Ist bei einer Frau, die schwanger ist oder stillt, durch die Vollstreckung der ḥadd-Strafe der Auspeitschung ein Schaden für das Ungeborene oder den Säugling zu befürchten, so wird die Vollstreckung der ḥadd-Strafe aufgeschoben, bis die Gefahr einer Schädigung nicht mehr besteht.

Art. 93 - Wird ein Kranker oder eine übermäßig menstruierende Frau zum Tode oder zur Steinigung verurteilt, so wird die ḥadd-Strafe vollstreckt. Wurden sie aber zur Auspeitschung verurteilt, so wird die Vollstreckung aufgeschoben, bis die Krankheit bzw. Menstruation vorbei ist.

Erläuterung: Die normale Menstruation hindert jedoch die Vollstreckung von ḥadd-Strafen nicht.

Art. 94 - Besteht bei einem Kranken keine Hoffnung auf Gesundung oder hält es der religiöse Richter aus Gründen des öffentlichen Interesses für angebracht, daß die ḥadd-Strafe auch im Krankheitsfall vollstreckt wird, so wird der Kranke ein einziges Mal mit einem Bündel aus Peitschen oder Gerten, das aus hundert einzelnen Teilen besteht, geschlagen, auch wenn nicht alle seinen Körper treffen.

Art. 95 - Wird der zu einer ḥadd-Strafe Verurteilte geisteskrank oder fällt er vom Islam ab, so entfällt die ḥadd-Strafe nicht.

Art. 96 - Die ḥadd-Strafe der Auspeitschung darf weder bei sehr kaltem noch bei sehr heißem Wetter vollstreckt werden.

Art. 97 - Die ḥadd-Strafe wird nicht auf dem Gebiet der Feinde des Islams angewendet.

Vierter Abschnitt

Art der Vollstreckung der ḥadd-Strafen

Art. 98 - Wird eine Person zu mehreren ḥadd-Strafen verurteilt, so sind diese derart zu vollstrecken, daß keine von ihnen die Anwendung der anderen ausschließt; wird z.B. jemand zu Auspeitschung und Steinigung verurteilt, so muß zuerst die Auspeitschung vollstreckt werden und dann die Steinigung.

Art. 99 - Wird der unerlaubte Geschlechtsverkehr einer Person, die muḥṣin ist, durch ihr Geständnis bewiesen, so muß bei der Steinigung der religiöse Richter den ersten Stein werfen, danach erst die anderen Anwesenden. Wurde der unerlaubte Geschlechtsverkehr durch Zeugen bewiesen, so müssen zuerst die Zeugen, danach der religiöse Richter und dann die anderen Anwesenden die Steine werfen.

Erläuterung: Sind der Richter und die Zeugen nicht anwesend oder werfen sie den ersten Stein nicht, so hindert das die Vollstreckung der ḥadd-Strafe nicht. Diese muß in jedem Fall vollstreckt werden.

Art. 100 - Die ḥadd-Strafe der Auspeitschung muß ein Mann, der sich eines unerlaubten Geschlechtsverkehrs schuldig gemacht hat, im Stehen und bis auf die Schamteile unbekleidet erleiden; die Peitschenhiebe werden auf seinen ganzen Körper außer auf Kopf, Gesicht und Schamteile geschlagen. Eine Frau, die sich eines unerlaubten Geschlechtsverkehrs schuldig gemacht hat, wird im Sitzen und bekleidet ausgepeitscht.

Art. 101 - Der religiöse Richter soll die Bevölkerung vom Zeitpunkt der Vollstreckung einer ḥadd-Strafe unterrichten; bei der Vollstreckung der ḥadd-Strafe muß eine Anzahl von Gläubigen anwesend sein, die nicht weniger als drei betragen darf.

Art. 102 - Bei der Steinigung wird der Mann bis unter den Gürtel und die Frau bis unter die Brust in eine Grube eingegraben. Dann wird die Steinigung vollstreckt.

Art. 103 - Flieht der zur Steinigung Verurteilte aus der Grube, in die er gesteckt worden ist, so wird er, falls der unerlaubte Geschlechtsverkehr durch Zeugen bewiesen wurde, zur Vollstreckung zurückgebracht. Wurde dieser jedoch durch ein Geständnis bewiesen, so wird er nicht zurückgeholt.

Erläuterung: Flieht dagegen der zur Auspeitschung Verurteilte, so wird er in jedem Fall zur Vollstreckung der ḥadd-Strafe der Auspeitschung zurückgeholt.

Art. 104 - Die Steine dürfen bei einer Steinigung nicht so groß sein, daß die Person getötet wird, wenn sie von einem oder zwei davon getroffen wird und auch nicht so klein, daß man sie nicht mehr als Stein ansehen kann.

Art. 105 - Der religiöse Richter kann bei Rechten Gottes und Rechten der Menschen nach seinem Wissen verfahren und göttliches Recht anwenden. Er muß angeben, worauf sich sein Wissen gründet. Bei Rechten Gottes hängt die Vollstreckung nicht von dem Begehren einer Person ab. Bei Rechten von Menschen ist dagegen die Vollstreckung der ḥadd-Strafe von dem Begehren des Rechtsinhabers abhängig.

Art. 106 - Der unerlaubte Geschlechtsverkehr zu geheiligten Zeiten wie den schiitischen Festen, dem Ramadan oder dem Freitag und an heiligen Orten wie den Moscheen wird über die ḥadd-Strafe hinaus auch mit taᶜzīr-Strafen belegt.

Art. 107 - Bei der Vollstreckung der ḥadd-Strafe der Steinigung müssen die Zeugen anwesend sein. Sind sie abwesend, so entfällt zwar die ḥadd-Strafe nicht, wohl aber wenn sie fliehen.

Zweites Kapitel

Die ḥadd-Strafen wegen Homosexualität

Erster Abschnitt

Definition und Strafdrohungen für ḥadd-Strafen wegen Homosexualität

Art. 108 - Homosexueller Verkehr ist der geschlechtliche Verkehr eines Mannes mit einem Mann durch Eindringen des Gliedes oder beischlafähnliche Handlungen.

Art. 109 - Der aktive und der passive Teilnehmer des homosexuellen Verkehrs werden beide mit ḥadd-Strafen bestraft.

Art. 110 - Die ḥadd-Strafe für Homosexualität in der Form des Verkehrs ist die Todesstrafe. Die Tötungsart steht im Ermessen des religiösen Richters.

Art. 111 - Der homosexuelle Verkehr zieht dann die Todesstrafe nach sich, wenn der aktive und der passive Täter mündig und geistig gesund sind sowie aus freiem Willen gehandelt haben.

Art. 112 - Hat ein Mann, der mündig und geistig gesund ist, mit einem Unmündigen homosexuellen Verkehr, so wird er getötet, und der passive Teilnehmer, wenn er nicht gezwungen wurde, mit einer taᶜzīr-Strafe von bis zu vierundsiebzig Peitschenhieben bestraft.

Art. 113 - Hat ein Unmündiger mit einem anderen Unmündigen homosexuellen Verkehr, so werden sie mit einer taᶜzīr-Strafe von bis zu vierundsiebzig Peitschenhieben bestraft, außer wenn einer von ihnen gezwungen wurde.

ZWEITER ABSCHNITT

Die gerichtlichen Beweismittel für Homosexualität

Art. 114 - Die ḥadd-Straftat der Homosexualität wird für den Gestehenden durch ein viermaliges Geständnis vor dem religiösen Richter bewiesen.

Art. 115 - Ein weniger als viermaliges Geständnis zieht keine ḥadd-Strafe nach sich, der Gestehende wird vielmehr mit einer taᶜzīr-Strafe bestraft.

Art. 116 - Das Geständnis ist rechtserheblich, wenn der Gestehende mündig und geistig gesund ist und es freiwillig und mit Vorsatz ablegt.

Art. 117 - Ein homosexueller Verkehr wird durch das Zeugnis von vier rechtschaffenen Männern bewiesen, die ihn mit eigenen Augen gesehen haben.

Art. 118 - Legen weniger als vier rechtschaffene Männer Zeugnis ab, so ist der homosexuelle Verkehr nicht bewiesen, und die Zeugen werden wegen Verleumdung verurteilt.

Art. 119 - Das Zeugnis von Frauen beweist für sich allein oder zusammen mit dem von Männern einen homosexuellen Verkehr nicht.

Art. 120 - Der religiöse Richter kann nach seinem Wissen, das er auf allgemein üblichem Wege erlangt hat, ein Urteil fällen.

Art. 121 - Die ḥadd-Strafe für beischlafähnliche oder vergleichbare Handlungen zwischen zwei Männern ohne Eindringen des Gliedes ist für jeden hundert Peitschenhiebe.

Erläuterung: Falls der aktive Teil ein Nichtmuslim ist und der passive Teil ein Muslim, ist die ḥadd-Strafe für den aktiven Teil die Todesstrafe.

Art. 122 - Werden die beischlafähnlichen oder vergleichbaren Handlungen dreimal wiederholt und ist jedesmal eine ḥadd-Strafe verhängt worden, so ist die ḥadd-Strafe beim viertenmal die Todesstrafe.

Art. 123 - Liegen zwei Männer, die nicht miteinander blutsverwandt sind, ohne Notwendigkeit nackt unter derselben Decke, so werden beide mit einer taᶜzīr-Strafe von bis zu neunundneunzig Peitschenhieben bestraft.

Art. 124 - Wer einen anderen aus Wollust küßt, wird mit einer taᶜzīr-Strafe von bis zu sechzig Peitschenhieben bestraft.

Art. 125 - Wurden der homosexuelle Verkehr oder die beischlafähnlichen oder vergleichbaren Handlungen durch das Geständnis einer Person bewiesen und später bereut, so kann der Richter beim Herrscher einen Antrag auf Begnadigung stellen.

Art. 126 - Bereut eine Person, die homosexuellen Verkehr, beischlaähnliche oder vergleichbare Handlungen begangen hat, bevor die Zeugen ausgesagt haben, so entfällt die ḥadd-Strafe; bereut sie dagegen, nachdem die Zeugen ausgesagt haben, so entfällt die ḥadd-Strafe nicht.

Drittes Kapitel

Lesbische Liebe

Art. 127 - Lesbische Liebe ist das homosexuelle Spiel von Frauen mit einem Geschlechtsteil einer anderen Frau.

Art. 128 - Die gerichtlichen Beweismittel der lesbischen Liebe sind dieselben wie für Homosexualität.

Art. 129 - Die ḥadd-Strafe für lesbische Liebe sind für jeden hundert Peitschenhiebe.

Art. 130 - Die ḥadd-Strafe für lesbische Liebe wird gegen eine Person verhängt, die mündig und geistig gesund ist und aus freiem Willen und mit Vorsatz handelt.

Erläuterung: Bei der lesbischen Liebe gibt es keinen Unterschied zwischen aktiver und passiver Teilnehmerin, ebensowenig zwischen Muslimin und Nichtmuslimin.

Art. 131 - Wurde die lesbische Liebe dreimal wiederholt und ist jedesmal eine ḥadd-Strafe verhängt worden, so ist die ḥadd-Strafe beim viertenmal die Todesstrafe.

Art. 132 - Bereut die Täterin der lesbischen Liebe, bevor die Zeugen ausgesagt haben, so entfällt die ḥadd-Strafe; bereut sie dagegen, nachdem die Zeugen ausgesagt haben, so entfällt die ḥadd-Strafe nicht.

Art. 133 - Wird die lesbische Liebe durch das Geständnis einer Person bewiesen, die später bereut, so kann der religiöse Richter beim Herrscher einen Antrag auf Begnadigung stellen.

Art. 134 - Liegen zwei Frauen, die nicht miteinander blutsverwandt sind, ohne Notwendigkeit nackt unter derselben Decke, werden sie mit einer taᶜzīr-Strafe von unter hundert Peitschenhieben bestraft. Im Falle der Wiederholung der Tat und der taᶜzīr-Strafe erhalten sie beim drittenmal hundert Peitschenhiebe.

Viertes Kapitel

Kuppelei

Art. 135 - Die Kuppelei besteht darin, zwei oder mehr Personen zum unerlaubten Geschlechtsverkehr oder zum homosexuellen Verkehr zusammenzuführen.

Art. 136 - Die Kuppelei wird durch zweimaliges Geständnis bewiesen, wenn der Gestehende mündig und geistig gesund ist und es freiwillig und mit Vorsatz ablegt.

Art. 137 - Die Kuppelei wird durch das Zeugnis zweier rechtschaffener Männer bewiesen.

Art. 138 - Die ḥadd-Strafe für Kuppelei besteht für einen Mann aus fünfundsiebzig Peitschenhieben und der Verbannung von drei Monaten bis zu einem Jahr, für eine Frau nur aus fünfundsiebzig Peitschenhieben.

Fünftes Kapitel

Verleumdung[18]

Art. 139 - Die Verleumdung besteht darin, einem anderen einen unerlaubten Geschlechtsverkehr oder einen homosexuellen Verkehr nachzusagen.

Art. 140 - Die ḥadd-Strafe für Verleumdung ist achtzig Peitschenhiebe, gleichgültig ob der Verleumder ein Mann oder eine Frau ist.

Erläuterung 1: Die Verhängung der ḥadd-Strafe für Verleumdung hängt von einem Antrag des Verleumdeten ab.

Erläuterung 2: Sagt jemand einem anderen zwar nicht unerlaubten Geschlechtsverkehr oder Homosexualität nach, jedoch z.B. lesbische Liebe oder sonstige verbotene geschlechtliche Betätigung, so wird er zu höchstens vierundsiebzig Peitschenhieben verurteilt.

Art. 141 - Die Verleumdung muß klar und unzweideutig sein, und der Verleumder muß sich des Sinns seiner Worte bewußt sein, sogar wenn derjenige, der sie hört, sie nicht kennt.

Art. 142 - Sagt jemand zu seinem legitimen Sohn "Du bist nicht mein Sohn", so wird er zu der ḥadd-Strafe für Verleumdung verurteilt, ebenso wird zur ḥadd-Strafe für Verleumdung wegen unerlaubten Geschlechtsverkehrs verurteilt, wer zum legitimen Sohn eines anderen sagt: "Du bist nicht sein Sohn."

Erläuterung: Wenn in den obengenannten Fällen Anzeichen dafür gegeben sind, daß keine Verleumdungsabsicht bestand, so wird die ḥadd-Strafe nicht verhängt.

Art. 143 - Behauptet jemand gegenüber einem anderen, dieser habe mit einer Frau X unerlaubten Geschlechtsverkehr oder mit einem Mann Y homosexuellen Verkehr gehabt, so ist das eine Verleumdung des Angesprochenen, und derjenige, der sie ausspricht, wird zu einer ḥadd-Strafe verurteilt.

---

18 "Qaḏf".

Art. 144 - Sagt jemand in der Absicht, einem anderen einen unerlaubten Geschlechtsverkehr vorzuwerfen, zu ihm z.B. Hurenweib, Hurenschwester oder Hurenmutter, so wird er in bezug auf die Person, der er den unerlaubten Geschlechtsverkehr nachsagt, zur ḥadd-Strafe für Verleumdung verurteilt und in bezug auf die angesprochene Person, die er mit diesem Schimpfwort beleidigt hat, zu einer taᶜzīr-Strafe von höchstens vierundsiebzig Peitschenhieben verurteilt.

Art. 145 - Jede Beleidigung, die verletzend auf denjenigen wirkt, der sie hört, aber keine Verleumdung erkennen läßt (wie z.B., daß jemand zu seiner Frau sagt, sie wäre keine Jungfrau mehr gewesen), zieht eine Verurteilung des Beleidigers zu höchstens vierundsiebzig Peitschenhieben nach sich.

Art. 146 - Eine Verleumdung zieht eine ḥadd-Strafe nach sich, wenn der Verleumder mündig und geistig gesund ist, freiwillig und mit Vorsatz handelt und wenn der Verleumdete ebenfalls mündig und geistig gesund ist, ferner Muslim und unbescholten. Fehlt dem Verleumder oder dem Verleumdeten eine der obigen Eigenschaften, so wird keine ḥadd-Strafe verhängt.

Art. 147 - Verleumdet jemand, der unmündig, aber einsichtsfähig ist, einen anderen, so wird er nach dem Ermessen des Richters gezüchtigt. Ebenso wird jemand, der mündig und geistig gesund ist und einen Unmündigen oder einen Nichtmuslim verleumdet, mit einer taᶜzīr-Strafe von höchstens vierundsiebzig Peitschenhieben belegt.

Art. 148 - Ist der Verleumdete hinsichtlich der ihm zur Last gelegten Tat offensichtlich nicht unbescholten, so wird keine ḥadd- oder taᶜzīr-Strafe gegen den Verleumder verhängt.

Art. 149 - Verleumden Verwandte einander, so werden sie zu ḥadd-Strafen verurteilt.

Erläuterung: Verleumdet der Vater oder der väterliche Großvater seinen Abkömmling, so wird er mit einer taᶜzīr-Strafe bestraft.

Art. 150 - Verleumdet ein Mann seine bereits gestorbene Ehefrau und hat diese keinen Erben außer den Abkömmlingen mit diesem Mann, so wird keine ḥadd-Strafe verhängt. Hat die Frau aber einen Erben außer den Abkömmlingen mit diesem Mann, so wird eine ḥadd-Strafe verhängt.

Art. 151 - Verleumdet eine Person mehrere andere einzeln, so wird wegen der Verleumdung jedes einzelnen jeweils eine ḥadd-Strafe verhängt, sei es, daß alle zusammen die ḥadd-Strafe verlangen, sei es, daß sie sie einzeln fordern.

Art. 152 - Verleumdet eine Person mehrere andere mit einem einzigen Ausspruch, so wird, wenn jeder von ihnen einzeln eine ḥadd-Strafe fordert, für die Verleumdung eines jeden jeweils eine ḥadd-Strafe verhängt; verlangen sie dagegen gemeinsam die ḥadd-Strafe, so wird nur eine ḥadd-Strafe verhängt.

Art. 153 - Eine Verleumdung wird durch ein zweimaliges Geständnis oder durch das Zeugnis zweier rechtschaffener Männer bewiesen.

Art. 154 - Ein Geständnis ist rechtserheblich, wenn der Gestehende mündig und geistig gesund ist und es freiwillig und mit Vorsatz ablegt.

Art. 155 - Die Peitschenhiebe werden auf die übliche Bekleidung und mit mittlerer Stärke geschlagen.

Art. 156 - Die Peitschenhiebe dürfen nicht auf Kopf, Gesicht und Schamteile des Verleumders geschlagen werden.

Art. 157 - Hat jemand mehrmals verleumdet und ist jedesmal eine ḥadd-Strafe verhängt worden, so wird er beim viertenmal getötet.

Art. 158 - Sagt ein Verleumder nach Vollstreckung der ḥadd-Strafe: "Was ich gesagt habe, ist wahr", so wird er mit einer taᶜzīr-Strafe von bis zu vierundsiebzig Peitschenhieben bestraft.

Art. 159 - Wer jemanden mehrmals wegen derselben Sache, z.B. wegen unerlaubten Geschlechtsverkehrs, verleumdet, wird nur mit einer einzigen ḥadd-Strafe bestraft.

Art. 160 - Wer jemanden mehrmals wegen verschiedener Dinge z.B. wegen unerlaubten Geschlechtsverkehrs und Homosexualität verleumdet, wird mit mehreren ḥadd-Strafen bestraft.

Art. 161 - Die ḥadd-Strafe wegen Verleumdung entfällt in folgenden Fällen:

1. wenn der Verleumdete den Verleumder bestätigt;

2. wenn die Zeugen in der notwendigen Zahl die Tatsache, die Gegenstand der Verleumdung ist, bezeugen;

3. wenn der Verleumdete oder alle seine Erben dem Verleumder verzeihen;

4. wenn ein Mann gegen seine Frau nach der Verleumdung den liᶜān[19] schwört.

Art. 162 - Verleumden zwei Personen sich gegenseitig, sei es mit gleichartigen, sei es mit verschiedenartigen Verleumdungen, dann entfällt die ḥadd-Strafe und jeder wird mit einer taᶜzīr-Strafe von bis zu vierundsiebzig Peitschenhieben bestraft.

Art. 163 - Wird eine ḥadd-Strafe weder vollstreckt noch Verzeihung gewährt, so wird der Strafanspruch auf den Erben übertragen.

Art. 164 - Das Recht, eine ḥadd-Strafe für Verleumdung zu verlangen, wird auf alle Erben außer den Ehemann und die Ehefrau übertragen, und jeder Erbe kann sie verlangen, auch wenn die anderen Erben verziehen haben.

19 Liᶜān: Ein altertümliches Schwurverfahren, das bei dem Vorwurf des Ehebruchs angewendet wird, den ein Ehegatte gegen den anderen erhebt. Beschwört ein Ehegatte, der andere Ehegatte habe die Ehe gebrochen, und weist der andere diesen Vorwurf unter Eid zurück, so gilt die Ehe als aufgelöst. Damit ist das Verfahren erledigt, und keiner der Ehegatten wird wegen Ehebruchs oder Verleumdung bestraft.

Sechstes Kapitel

Die ḥadd-Strafen für das Trinken berauschender Getränke

Erster Abschnitt

Strafgrund bei den ḥadd-Strafen für das Trinken berauschender Getränke

Art. 165 - Das Trinken von berauschenden Getränken, in geringer oder größerer Menge, wirke es berauschend oder nicht, seien sie rein oder vermischt, begründet eine ḥadd-Strafe, sofern sie noch als berauschende Getränke anzusehen sind.

Erläuterung 1: Bier steht dem Wein gleich, auch wenn es keinen Rausch verursacht, und sein Konsum begründet eine ḥadd-Strafe.

Erläuterung 2: Das Trinken von Most, der von allein in Gärung geraten oder durch Feuer oder die Sonne oder andere Umstände erhitzt worden ist, ist zwar verboten, begründet aber keine ḥadd-Strafe.

Zweiter Abschnitt

Voraussetzungen für eine ḥadd-Strafe für das Trinken berauschender Getränke

Art. 166 - Eine ḥadd-Strafe für das Trinken berauschender Getränke wird gegen eine Person verhängt, die mündig und geistig gesund ist, freiwillig handelt und weiß, daß es sich um ein berauschendes Getränk handelt und daß dessen Konsum verboten ist.

Erläuterung 1: Behauptet der Weintrinkende, das Gesetz oder die Sache nicht zu kennen, und erscheint die Richtigkeit seiner Behauptung als wahrscheinlich, so wird er nicht zu einer ḥadd-Strafe verurteilt.

Erläuterung 2: Weiß die Person, daß Weintrinken verboten ist und trinkt dennoch Wein, so wird sie zu einer ḥadd-Strafe verurteilt, auch wenn sie nicht weiß, daß das Trinken eine ḥadd-Strafe nach sich zieht.

Art. 167 - Ist eine Person gezwungen, Wein zur Errettung vor dem Tode oder zur Heilung einer schweren Krankheit in einer dafür notwendigen Menge zu trinken, so wird sie nicht zu einer ḥadd-Strafe verurteilt.

Art. 168 - Legt eine Person ein zweimaliges Geständnis ab, Wein getrunken zu haben, so wird sie zu einer ḥadd-Strafe verurteilt.

Art. 169 - Ein Geständnis ist dann rechtserheblich, wenn der Gestehende mündig und geistig gesund ist und es freiwillig und mit Vorsatz ablegt.

Art. 170 - Wird der Weingenuß durch Zeugen bewiesen, so kann das nur durch das Zeugnis von zwei rechtschaffenen männlichen Zeugen geschehen.

Art. 171 - Bezeugt einer von zwei rechtschaffenen Männern, daß eine Person Wein getrunken hat, und sagt der andere aus, daß sie Wein erbrochen hat, so ist die ḥadd-Straftat bewiesen.

Art. 172 - Bei Zeugenaussagen über das Trinken berauschender Getränke ist erforderlich, daß sie hinsichtlich Ort und Zeit und vergleichbaren Umständen nicht voneinander abweichen. Bezeugt dagegen der eine Zeuge allgemein den Genuß eines berauschenden Getränks und der andere das Trinken einer bestimmten Art, so ist die ḥadd-Straftat bewiesen.

Art. 173 - Geständnis oder Zeugnis begründen dann eine ḥadd-Strafe, wenn keine vernünftige Möglichkeit zur Entschuldigung des Trinkers der berauschenden Getränke besteht.

Art. 174 - Die ḥadd-Strafe für das Trinken berauschender Getränke ist für Männer und Frauen achtzig Peitschenhiebe.

Erläuterung: Nichtmuslime werden zu den achtzig Peitschenhieben nur dann verurteilt, wenn sie die berauschenden Getränke öffentlich trinken.

Art. 175 - Wer alkoholische Getränke herstellt, beschafft, kauft, verkauft, transportiert oder anbietet, wird zu Gefängnis von sechs Monaten bis zu zwei Jahren verurteilt. Wer durch Verlockung, Bestechung und List die

Mittel zu ihrem Genuß bereitstellt, gilt als Teilnehmer beim Trinken berauschender Getränke und wird zu bis zu vierundsiebzig Peitschenhieben verurteilt.

Dritter Abschnitt

Art und Weise der Vollstreckung der ḥadd-Strafe

Art. 176 - Männer werden im Stehen und bis auf die Schamteile unbekleidet ausgepeitscht, Frauen im Sitzen und bekleidet.

Erläuterung: Peitschenhiebe dürfen nicht auf Kopf, Gesicht und Schamteile der Verurteilten geschlagen werden.

Art. 177 - Die ḥadd-Strafe wird vollstreckt, sobald der Verurteilte wieder nüchtern ist.

Art. 178 - Trinkt eine Person mehrmals und wurde die ḥadd-Strafe nicht verhängt, so reicht für alle Fälle eine ḥadd-Strafe aus.

Art. 179 - Trinkt jemand mehrmals berauschende Getränke und wurde nach jedem Mal eine ḥadd-Strafe verhängt, so wird er beim drittenmal getötet.

Art. 180 - Wird der zu einer ḥadd-Strafe Verurteilte geisteskrank oder fällt er vom Islam ab, so entfällt die ḥadd-Strafe nicht.

Vierter Abschnitt

Voraussetzungen für den Wegfall einer ḥadd-Strafe oder die Verzeihung

Art. 181 - Bereut der Weintrinkende vor der Vernehmung der Zeugen, so entfällt die ḥadd-Strafe, bereut er aber nach der Vernehmung der Zeugen, so entfällt sie nicht.

Art. 182 - Bereut der Täter nach dem Geständnis, alkoholische Getränke getrunken zu haben, so kann der Richter entweder beim Herrscher einen Antrag auf Begnadigung stellen oder die ḥadd-Strafe gegen ihn verhängen.

Siebtes Kapitel

Kampf gegen Gott und Verderbenstiften auf Erden

Erster Abschnitt

Definitionen

Art. 183 - Wer zu den Waffen greift, um Furcht und Schrecken zu verbreiten und die Bevölkerung ihrer Freiheit und Sicherheit zu berauben, ist ein Kämpfer gegen Gott und ein Verderbenstifter auf Erden.

Erläuterung 1: Wer die Waffe gegen Menschen richtet, aber wegen seiner Schwäche niemanden in Schrecken versetzt, ist kein Kämpfer gegen Gott.

Erläuterung 2: Richtet jemand aus persönlicher Feindschaft eine Waffe gegen eine oder mehrere bestimmte Personen, ohne daß die Tat gegen die Allgemeinheit gerichtet ist, ist er kein Kämpfer gegen Gott.

Erläuterung 3: Es besteht kein Unterschied zwischen Feuerwaffen und anderen Waffen.

Art. 184 - Jeder Einzelne oder jede Gruppe, die Waffen zum Kampf gegen Kämpfer gegen Gott einsetzt, um das Verderben auf Erden zu beseitigen, ist kein Kämpfer gegen Gott.

Art. 185 - Der bewaffnete Dieb und Straßenräuber, der mit Waffen die Sicherheit der Bevölkerung und der Straßen beeinträchtigt und Furcht und Schrecken verbreitet, ist ein Kämpfer gegen Gott.

Art. 186 - Alle Mitglieder und Anhänger einer Gruppe oder organisierten Vereinigung, die einen bewaffneten Aufstand gegen die islamische Regierung durchführen, sind, solange der Kern der Gruppe besteht, Kämpfer gegen Gott, wenn sie die Position dieser Gruppe, Vereinigung oder Organisation kennen und in irgendeiner Weise tätig werden, die ihre Ziele fördert, auch wenn sie nicht zum militärischen Zweig dieser Vereinigungen gehören.

Erläuterung: Eine vereinigte Front, die aus verschiedenen Gruppen und Personen besteht, gilt als Einheit.

Art. 187 - Jeder Einzelne oder jede Gruppe, die einen Plan zum Sturz der islamischen Regierung ausarbeitet und dafür Waffen oder Sprengstoffe beschafft, sowie Personen, die wissentlich und freiwillig erhebliche finanzielle Mittel, Werkzeuge und Waffen zur Verfügung stellen, sind Kämpfer gegen Gott und Verderbenstifter auf Erden.

Art. 188 - Jeder, der sich bei dem Plan zum Sturz der islamischen Regierung für eine der entscheidenden Stellen in der Umsturzregierung zur Verfügung stellt und dessen Bereitschaft bei der Durchführung des Staatsstreichs zum Tragen kommt, ist ein Kämpfer gegen Gott und ein Verderbenstifter auf Erden.

Zweiter Abschnitt

Gerichtliche Beweismittel für den Kampf gegen Gott und das Verderbenstiften auf Erden

Art. 189 - Der Kampf gegen Gott und das Verderbenstiften auf Erden wird mit den folgenden Mitteln bewiesen:

a) durch das einmalige Geständnis unter der Voraussetzung, daß der Gestehende mündig und geistig gesund ist und daß sein Geständnis mit Vorsatz und freiwillig erfolgt;

b) durch das Zeugnis von nur zwei rechtschaffenen Männern.

Erläuterung 1: Das Zeugnis von Menschen, die von den Kämpfern gegen Gott angegriffen wurden, wird nicht zum gegenseitigen Vorteil angenommen.

Erläuterung 2: Werden mehrere Personen von den Kämpfern gegen Gott angegriffen, so wird das Zeugnis derer, die aussagen, daß sie selbst keinen Schaden erlitten haben, in bezug auf die anderen angenommen.

Erläuterung 3: Das Zeugnis von Personen, die angegriffen wurden, wird angenommen, wenn sie es nur ablegen, um zu beweisen, daß die Angreifer Kämpfer gegen Gott sind und sie keine persönliche Klage erheben.

Dritter Abschnitt

Die ḥadd-Strafe für den Kampf gegen Gott und das Verderbenstiften auf Erden

Art. 190 - Die ḥadd-Strafe für den Kampf gegen Gott und das Verderbenstiften auf Erden ist eine der vier folgenden:

1. Tötung;
2. Kreuzigung;
3. Abschneiden zuerst der rechten Hand und dann des linken Fußes;
4. Verbannung.

Art. 191 - Die Auswahl aus diesen vier Strafen liegt im Ermessen des Richters, sowohl wenn der Kämpfer gegen Gott eine Person getötet, verletzt oder beraubt hat als auch, wenn er nichts davon getan hat.

Art. 192 - Die ḥadd-Strafe für den Kampf gegen Gott und das Verderbenstiften auf Erden entfällt durch die Verzeihung des Rechtsinhabers nicht.

Art. 193 - Verderbenstifter auf Erden und Kämpfer gegen Gott, die verbannt werden, müssen unter Aufsicht gestellt werden und dürfen keinen Umgang und keine freundschaftlichen Beziehungen mit anderen pflegen.

Art. 194 - Die Dauer der Verbannung beträgt in keinem Fall weniger als ein Jahr, auch wenn der Täter nach der Verhaftung Reue gezeigt hat; hat er keine Reue gezeigt, so verbleibt er in der Verbannung.

Art. 195 - Die Kreuzigung des Kämpfers gegen Gott und Verderbenstifters auf Erden wird folgendermaßen ausgeführt:

a) die Art des Anbindens darf nicht um Tode führen;

b) der Täter bleibt nicht länger als drei Tage am Kreuz hängen. Stirbt er während der drei Tage, kann man ihn abnehmen;

c) lebt der Täter nach den drei Tagen noch, so darf man ihn nicht töten.

Art. 196 - Das Abschneiden der rechten Hand und des linken Fußes des Kämpfers gegen Gott geschieht in der gleichen Weise wie bei der ḥadd-Strafe für Diebstahl.

Achtes Kapitel

Die ḥadd-Strafe für Diebstahl

Erster Abschnitt

Definitionen und Voraussetzungen

Art. 197 - Der Diebstahl ist die heimliche Wegnahme der Sache eines anderen.

Art. 198 - Der Diebstahl zieht eine ḥadd-Strafe nach sich, wenn die nachfolgenden Voraussetzungen und Merkmale sämtlich vorliegen:

1. der Dieb war nach islamischem Recht mündig;

2. der Dieb war bei dem Diebstahl geistig gesund;

3. der Dieb war nicht durch Drohung oder Nötigung zu dem Diebstahl veranlaßt worden;

4. der Dieb hat vorsätzlich gehandelt;

5. der Dieb hat gewußt und daran gedacht, daß die Sache einem anderen gehörte;

6. der Dieb hat gewußt und daran gedacht, daß ihre Wegnahme verboten ist;

7. der Eigentümer der Sache hatte diese an einem gegen Zugriff gesicherten Aufbewahrungsort verwahrt;

8. der Dieb hat diese Verwahrung allein oder mit Hilfe eines anderen erbrochen;

9. bei jedem Diebstahl bestand das Diebesgut aus mindestens vier Fünftel nuḫūd[20] Gold, das als Geld verwendet wird, oder sein Wert erreichte diesen Betrag;

10. der Dieb handelte nicht unter Zwang;

---

20 Nuḫūd = 0,2 g.

11. der Dieb war nicht der Vater des Eigentümers der Sache;

12. der Diebstahl wurde nicht in einem Hungerjahr begangen;

13. das Behältnis bzw. der Ort, wo die Sache aufbewahrt wird, darf nicht dem Dieb weggenommen worden sein;

14. der Dieb hat die Sache als Diebstahl weggenommen;

15. die gestohlene Sache war an einem Aufbewahrungsort verwahrt, der ihr angemessen war;

16. die gestohlene Sache darf weder Eigentum des Staates noch einer religiösen Stiftung und dergleichen sein, bei denen es keinen persönlichen Eigentümer gibt.

Erläuterung 1: Ein gesicherter Aufbewahrungsort (ḥirz) ist ein Ort, an dem die Sache verwahrt wird, um sie dem Zugriff von Dritten zu entziehen.

Erläuterung 2: Das Herausnehmenlassen der Sache aus dem Verwahrungsort durch einen Geisteskranken, ein nicht einsichtsfähiges Kind, ein Tier oder auf ähnliche Weise steht der direkten Wegnahme gleich.

Erläuterung 3: Wird der Dieb festgenommen, bevor er die Sache aus dem Verwahrungsort herausgenommen hat, so wird die ḥadd-Strafe nicht auf ihn angewendet.

Erläuterung 4: Wird die Sache dem Eigentümer nach dem Diebstahl zurückgegeben, so zieht dieser keine ḥadd-Strafe nach sich.

ZWEITER ABSCHNITT

Gerichtliche Beweismittel beim Diebstahl

Art. 199 - Ein Diebstahl, der eine ḥadd-Strafe nach sich zieht, wird durch eines der folgenden Beweismittel bewiesen:

1. das Zeugnis zweier rechtschaffener Männer;

2. das zweimalige Geständnis des Diebes vor dem Richter unter der Bedingung, daß der Gestehende mündig und geistig gesund ist, mit Vorsatz und freiwillig handelt;

3. das Wissen des Richters.

Erläuterung: Gesteht der Täter den Diebstahl vor dem Richter einmal, so muß er die Sache ihrem Eigentümer zurückgeben, die ḥadd-Strafe wird aber nicht gegen ihn verhängt.

Dritter Abschnitt

Bedingungen für die Vollstreckung der ḥadd-Strafe

Art. 200 - Die ḥadd-Strafe für den Diebstahl wird verhängt, wenn folgende Voraussetzungen vorliegen:

1. der Eigentümer der Sache verklagt den Dieb vor dem Richter;

2. der Eigentümer der Sache hat dem Dieb nicht vor der Klageerhebung verziehen;

3. der Eigentümer der Sache hat diese nicht vor der Klageerhebung dem Dieb geschenkt;

4. die gestohlene Sache ist nicht vor dem Beweis der Straftat vor dem Richter durch Kauf oder ähnliches in das Eigentum des Diebes übergegangen;

5. der Dieb hat die Straftat nicht vor ihrem Beweis bereut.

Erläuterung: Bereut der Dieb, nachdem die Straftat bewiesen ist, entfällt die ḥadd-Strafe nicht, und eine Verzeihung kann nicht gewährt werden.

Vierter Abschnitt

Die ḥadd-Strafe für Diebstahl

Art. 201 - Die ḥadd-Strafe ist, wie im folgenden erläutert:

a) beim erstenmal Abschneiden von vier Fingern der rechten Hand des Diebes von ihrem Ansatz an, so daß ihm sechs Finger und die Handfläche verbleiben;

b) beim zweitenmal Abschneiden des linken Fußes des Diebes und zwar von unten her am Fußrist, so daß der halbe Fuß und ein Teil des Fußballens übrig bleiben;

c) beim drittenmal lebenslange Gefängnisstrafe;

d) beim viertenmal, wenn der Dieb auch im Gefängnis noch stiehlt, die Todesstrafe.

Erläuterung 1: Mehrere Diebstähle gelten, solange noch keine ḥadd-Strafe verhängt wurde, als ein Diebstahl.

Erläuterung 2: Wer Teilnehmer eines Diebstahls gemäß Artikel 198 ist, wird zu Gefängnisstrafe von einem Jahr bis zu drei Jahren verurteilt.

Art. 202 - Wurden die Finger der Hand des Diebes abgeschnitten und wird nach Vollstreckung dieser ḥadd-Strafe ein weiterer Diebstahl bewiesen, den der Dieb vor der Vollstreckung der ḥadd-Strafe begangen hat, so wird sein linker Fuß abgeschnitten.

Art. 203 - Ein Diebstahl, der die Voraussetzungen für die Verhängung einer ḥadd-Strafe nicht erfüllt, aber die Gesetzte verletzt hat und der Angst vor der Brutalität des Täters oder anderer ausgelöst hat, wird, wenn kein Kläger vorhanden ist oder dieser Verzeihung gewährt hat, mit taᶜzīr-Gefängnisstrafe von einem Jahr bis zu fünf Jahren bestraft.

Eine Teilnahme am Diebstahl wird mit Gefängnisstrafe von sechs Monaten bis zu drei Jahren bestraft.

DRITTES BUCH

Die Vergeltung

Erstes Kapitel

Die Vergeltung für das Leben

Erster Abschnitt

Die vorsätzliche Tötung

Art. 204 - Bei der Tötung eines Menschen gibt es drei Arten: die vorsätzliche, quasi-vorsätzliche und fahrlässige Tötung.

Art. 205 - Die vorsätzliche Tötung zieht gemäß den Artikeln dieses Abschnitts Vergeltung nach sich, und die Bluträcher können mit Erlaubnis des Herrschers an demjenigen, der die Tötung begangen hat, unter Berücksichtigung der im folgenden Abschnitt genannten Bedingungen Vergeltung üben. Der Herrscher kann die Angelegenheit dem Oberhaupt der Justiz oder einem anderen anvertrauen.

Art. 206 - Die Tötung gilt in den folgenden Fällen als vorsätzlich:

a) wenn der Täter bei der Tat die Tötung eines bestimmten Menschen oder eines oder mehrerer Menschen aus einer bestimmten Gruppe beabsichtigt, unabhängig davon, ob seine Handlung ihrer Art nach tödlich wirken kann oder nicht, sofern sie nur tatsächlich den Tod herbeigeführt hat;

b) wenn der Täter vorsätzlich eine Handlung ausführt, die ihrer Art nach tödlich wirkt, selbst wenn er nicht die Absicht hat, eine Person zu töten;

c) wenn der Täter zwar keine Tötungsabsicht hat und die Handlung, die er ausführt, ihrer Art nach an sich nicht tödlich wirkt, aber bei dem Betroffenen aufgrund von Krankheit, Alter, Invalidität, Kindesalter oder aus ähnlichen Gründen ihrer Art nach tödlich wirkt und das dem Täter auch bekannt ist.

Art. 207 - Wird ein Muslim getötet, so wird an dem Täter Vergeltung geübt und der Teilnehmer an der vorsätzlichen Tat zu Gefängnisstrafe von drei bis zu fünfzehn Jahren verurteilt.

Art. 208 - Begeht eine Person eine vorsätzliche Tötung und findet sich kein Ankläger oder verzichtet dieser auf Vergeltung, hat aber die Tat die Ordnung der Gesellschaft verletzt oder Schrecken verbreitet oder besteht die Besorgnis, daß der Täter oder andere sie wiederholen könnten, so zieht sie eine ta^{c}zīr-Strafe von drei bis zu zehn Jahren Gefängnis nach sich.

Erläuterung: In diesem Fall steht auf die Teilnahme an der vorsätzlichen Tötung Gefängnisstrafe von einem Jahr bis zu fünf Jahren.

Art. 209 - Tötet ein muslimischer Mann vorsätzlich eine muslimische Frau, so wird er zu Vergeltung verurteilt. Der Bluträcher der Frau muß jedoch vor der Vollstreckung der Vergeltung an dem Täter diesem das halbe Blutgeld für einen Mann zahlen.

Art. 210 - Tötet ein Ungläubiger, der zu den Schutzgenossen[21] zählt, vorsätzlich einen anderen Ungläubigen, der ein Schutzgenosse ist, so wird Vergeltung geübt, auch wenn es sich um Anhänger zweier verschiedener Religionen handelt. Ist das Opfer eine Frau, die zu den Schutzgenossen gehört, so muß ihr Bluträcher vor der Vollstreckung der Vergeltung an dem Täter diesem das halbe Blutgeld für einen Mann zahlen.

Zweiter Abschnitt

Die Tötung unter Zwang

Art. 211 - Handeln unter Zwang oder auf Weisung gibt kein Recht zum Töten. Wird jemand zur Tötung eines anderen gezwungen oder wurde

21 Angehörige einer Religion, die eine Offenbarung durch eine heilige Schrift empfangen haben wie die Juden, Christen und Zoroastrier. Sie konnten im islamischen Staat unbehelligt leben, da zwischen ihren Gemeinden und der islamischen Gemeinde ein Vertrag angenommen wurde, der den Mitgliedern einer Offenbarungsreligion Schutz und bestimmte Rechte zuerkennt.

ihm die Tötung des anderen befohlen, so wird an demjenigen, der die Tat ausführt, Vergeltung geübt und derjenige, der den Zwang ausgeübt oder den Befehl gegeben hat, wird zu lebenslanger Gefängnisstrafe verurteilt.

Erläuterung 1: War derjenige, der gezwungen wurde, ein noch nicht einsichtsfähiges Kind oder ein Geisteskranker, so wird nur an demjenigen, der den Zwang angewendet hat, Vergeltung geübt.

Erläuterung 2: War derjenige, der gezwungen wurde, ein einsichtsfähiges Kind, so darf an ihm keine Vergeltung geübt werden, seine ᶜāqila muß jedoch das Blutgeld zahlen. Derjenige, der den Zwang angewendet hat, wird ebenfalls zu lebenslanger Gefängnisstrafe verurteilt.

DRITTER ABSCHNITT

Die Mittäterschaft bei der Tötung

Art. 212 - Töten zwei oder mehr muslimische Männer gemeinsam einen muslimischen Mann, so kann der Bluträcher mit Erlaubnis des Herrschers an allen Vergeltung üben; waren es zwei Personen, die die Tötung verübt haben, so muß er aber jedem von ihnen ein halbes Blutgeld zahlen, waren es drei, jedem zwei Drittel, waren es vier, jedem ein Dreiviertel Blutgeld usw. bei weiteren Personen.

Erläuterung 1: Der Bluträcher kann an einem Teil der Tatbeteiligten unter Zahlung des in diesem Artikel genannten Blutgeldes Vergeltung üben und von den restlichen Teilnehmern entsprechend ihrem Anteil ein Blutgeld annehmen.

Erläuterung 2: Sind sowohl Tötende als auch Getötete ungläubige Schutzgenossen, so ist die gleiche Vorschrift anzuwenden.

Art. 213 - In jedem Fall, in dem an den Täter ein Teil des Blutgeldes zu zahlen ist und Vergeltung geübt wird, muß die Zahlung des Blutgeldes vor der Vergeltung erfolgen.

Art. 214 - Fügen zwei oder mehr Personen, sei es zur selben Zeit oder zu verschiedenen Zeiten, einem anderen Verletzungen zu, die zu dessen Tod führen, so werden alle als Täter einer Tötung angesehen, sofern der Tod durch die Tat aller verursacht wurde, und ihre Strafe wird gemäß den übrigen Artikeln dieses Gesetzes unter Beachtung der entsprechenden Voraussetzungen festgesetzt.

Art. 215 - Mittäterschaft bei der Tötung liegt dann vor, wenn eine Person infolge der durch die Schläge von mehreren Tätern verursachten Verletzungen stirbt und der Tod auf das Handeln aller zurückzuführen ist, ohne Rücksicht darauf, ob die Tat eines jeden für sich allein zum Tod geführt hätte oder nicht, und unabhängig davon, ob die Wirkung ihrer Tatbeiträge gleich oder ungleich war.

Art. 216 - Fügt eine Person einer anderen Verletzungen zu und tötet diesen anderen später eine zweite Person, so wird diese als Täter der Tötung angesehen, auch wenn die vorhergegangene Verletzung schon für sich allein zum Tode geführt hätte. Der erste Täter wird nur zu Vergeltung für ein Glied oder zu Blutgeld für die Verletzung verurteilt, die er zugefügt hat, es sei denn, daß bei der als Vergeltung zuzufügenden Verletzung die Gefahr des Todes besteht; in diesem Fall wird der Täter nur zur Zahlung eines Blutgeldes verurteilt.

Art. 217 - Ist die Verletzung, die der erste Täter dem Verletzten zugefügt hat, schon tödlich und zeigt dieser nur noch schwache Lebenszeichen, und begeht dann der zweite Täter eine Handlung, die seinem Leben ein Ende setzt, so wird an dem ersten Täter Vergeltung geübt; der zweite Täter zahlt nur das Blutgeld für eine Tat gegenüber einem Toten.

Art. 218 - Verursacht die Zufügung der Verletzung sowohl den Verlust eines Gliedes als auch die Tötung, obwohl sie nur durch einen einzigen Schlag erfolgt ist, so reicht die Vergeltung wegen der Tötung aus; für den Verlust des Gliedes ist weder Vergeltung noch Blutgeld fällig.

Vierter Abschnitt

Die Voraussetzungen für die Vergeltung

Art. 219 - Wer zu Vergeltung verurteilt wird, kann nur mit Erlaubnis des Bluträchers getötet werden. Wird er ohne Erlaubnis des Bluträchers getötet, so begeht der Täter eine Tötung, die Vergeltung nach sich zieht.

Art. 220 - An dem Vater oder Großvater väterlicherseits, der seinen Abkömmling tötet, wird keine Vergeltung geübt, er wird nur zur Zahlung des Blutgeldes für die Tötung an die Erben des Getöteten und zu einer ta^{c}zīr-Strafe verurteilt.

Art. 221 - Tötet ein Geisteskranker oder Unmündiger vorsätzlich einen Menschen, so gilt dies als fahrlässige Tat, und es wird keine Vergeltung geübt. Jedoch muß die ^{c}āqila des Täters an die Erben des Getöteten das Blutgeld für eine fahrlässige Tötung zahlen.

Erläuterung: Wurde bei einer Tötung oder Körperverletzung die Tat vorsätzlich begangen und war der Täter ein Kind oder ein Geisteskranker und stirbt das Opfer an einer Infektion, nachdem der Täter mündig geworden oder gewesen ist, so zieht das keine Vergeltung nach sich.

Art. 222 - Tötet ein geistig Gesunder einen Geisteskranken, so wird keine Vergeltung geübt; jedoch muß er an die Erben des Getöteten das Blutgeld für die Tötung zahlen. Hat aber die Tat die Ordnung der Gesellschaft verletzt oder Schrecken verbreitet oder besteht die Besorgnis, daß der Täter oder andere sie wiederholen könnten, so zieht sie eine ta^{c}zīr-Strafe von drei bis zu zehn Jahren Gefängnis nach sich.

Art. 223 - Tötet ein Mündiger einen Unmündigen, so wird Vergeltung geübt.

Art. 224 - Tötung im Zustand der Trunkenheit zieht Vergeltung nach sich, es sei denn, daß bewiesen wird, daß der Täter infolge der Trunkenheit seiner Willensfreiheit vollkommen beraubt und unfähig zu einem Vorsatz war und die Trunkenheit nicht vorher zum Zwecke der Begehung einer solchen Tat herbeigeführt worden war. Hat aber die Tat die Ordnung der Gesellschaft verletzt oder Schrecken verbreitet oder besteht die Gefahr, daß der Täter oder andere sie wiederholen könnten, so zieht sie eine taᶜzīr-Strafe von drei bis zu zehn Jahren Gefängnis nach sich.

Art. 225 - Tötet jemand im Schlaf oder im Zustand der Bewußtlosigkeit einen anderen, so wird keine Vergeltung geübt; jedoch muß an die Erben des Getöteten das Blutgeld für die Tötung gezahlt werden.

Art. 226 - Die Tötung eines Menschen zieht dann Vergeltung nach sich, wenn der Getötete nicht von Gesetzes wegen zu töten war. Durfte er getötet werden, so hat der Täter die Berechtigung zur Tötung nach den Vorschriften vor Gericht zu beweisen.

Fünfter Abschnitt

Die Voraussetzungen für die Klage wegen einer Tötung

Art. 227 - Voraussetzung ist beim Ankläger geistige Gesundheit und Mündigkeit[22] zur Zeit der Klageerhebung, und wenn die Klage Vermögensangelegenheiten betrifft, auch Geschäftsfähigkeit. In bezug auf den Beklagten bestehen dagegen keine Voraussetzungen.

Art. 228 - Der Ankläger muß in bezug auf den Gegenstand seiner Klage eine entschiedene Behauptung aufstellen; mit Wahrscheinlichkeiten oder Vermutungen kann er gegen niemanden Anklage erheben. Liegen jedoch Hinweise auf eine Straftat vor, so wird die Anklage auch ohne eine entschiedene Behauptung gehört.

Art. 229 - Der Beklagte muß bekannt und festgestellt oder innerhalb eines begrenzten Kreises bestimmbar sein.

22 Vgl. Anm. 9.

Art. 230 - Der Klagegegenstand muß bestimmt sein; deshalb muß der Ankläger dartun, ob die Tötung, wegen der er klagt, vorsätzlich oder nicht vorsätzlich geschehen ist. Steht die Tötung als solche fest, kann aber ihre Art, d.h. ob sie vorsätzlich, quasi-vorsätzlich oder fahrlässig begangen wurde, nicht durch Beweis geklärt werden, so ist die Klage durch einen Vergleich zwischen dem Täter und dem Bluträcher des Getöteten und seiner ᶜāqila zum Abschluß zu bringen.

SECHSTER ABSCHNITT

Die Beweismittel bei der Tötung

Art. 231 - Die gerichtlichen Beweismittel für eine Tötung sind folgende: 1. das Geständnis, 2. die Zeugenaussage, 3. das Schwurverfahren der qasāma, 4. das Wissen des Richters.

Erster Unterabschnitt

Das Geständnis

Art. 232 - Durch das Geständnis einer vorsätzlichen Tötung wird diese bewiesen, auch wenn das Geständnis nur einmal abgelegt wird.

Art. 233 - Das Geständnis ist rechtserheblich, wenn bei dem Gestehenden folgende Eigenschaften vorliegen: 1. geistige Gesundheit, 2. Mündigkeit, 3. Freiwilligkeit, 4. Vorsatz.

Dementsprechend ist das Geständnis eines Geisteskranken, eines Betrunkenen, eines Kindes, einer Person, die unter Zwang steht, oder einer Person die keinen Vorsatz hat, wie z.B. eine unaufmerksame Person, sowie eines Scherzenden, Schlafenden oder Ohnmächtigen, unwirksam.

Art. 234 - Das Geständnis einer vorsätzlichen Tötung seitens einer Person, die wegen Geschäftsunfähigkeit oder wegen Bankrotts entmündigt wurde, ist rechtserheblich und zieht Vergeltung nach sich.

Art. 235 - Gesteht eine Person eine vorsätzliche Tötung und gesteht ein anderer die vorsätzliche oder fahrlässige Tötung derselben Person, so kann der Bluträcher wählen, an wen von den beiden er sich halten will und diesen entsprechend seinem Geständnis behandeln. Er kann jedoch nicht die Bestrafung beider verlangen.

Art. 236 - Gesteht eine Person eine vorsätzliche Tötung und gesteht später ein anderer die vorsätzliche Tötung derselben Person, so entfallen Vergeltung und Blutgeld bei beiden, wenn der erste Täter sein Geständnis zurücknimmt, und das Blutgeld wird von der Staatskasse gezahlt. Das gilt für den Fall, daß der Richter keine vernünftigen Anhaltspunkte dafür hat, daß das Geständnis der zweiten Person aufgrund einer Absprache erfolgte, um die erste freizustellen.

Erläuterung: Kann die vorsätzliche Tötung aufgrund von Zeugenaussagen, der qasāma oder des Wissens des Richters bewiesen werden, so kann an dem Täter auf Verlangen des Bluträchers Vergeltung geübt werden.

Zweiter Unterabschnitt

Die Zeugenaussage

Art. 237 - a) Die vorsätzliche Tötung wird durch das Zeugnis zweier rechtschaffener Männer bewiesen.

b) Die quasi-vorsätzliche und die fahrlässige Tötung wird durch das Zeugnis zweier rechtschaffener Männer oder eines rechtschaffenen Mannes und zweier rechtschaffener Frauen oder durch das Zeugnis eines rechtschaffenen Mannes und den Eid des Klägers bewiesen.

Art. 238 - Sagt einer der beiden rechtschaffenen Zeugen aus, daß der Angeklagte eine vorsätzliche Tötung gestanden hat, und sagt der andere aus, daß der Angeklagte eine Tötung gestanden hat, sagt er aber zur Frage der Vorsätzlichkeit nichts aus, so gilt die Tötung als solche als bewiesen und der Angeklagte ist verpflichtet, sich zu der Art der Tötung zu äußern. Gibt er die Vorsätzlichkeit zu, so wird Vergeltung geübt, streitet er die Vorsätzlichkeit ab und schwört einen Eid darauf, so entfällt die Vergeltung.

Dritter Unterabschnitt

Die qasāma

Art. 239 - Schöpft der Richter aufgrund von Indizien und Hinweisen oder auf andere Weise Verdacht, wie z.B. dem Zeugnis eines einzigen Zeugen oder der Gegenwart einer Person zusammen mit Tatspuren am Tatort oder dem Auffinden eines Getöteten an einem häufig aufgesuchten Ort, oder an dem Wohnort von bestimmten Personen, oder dem glaubwürdigen Zeugnis eines einsichtsfähigen Kindes oder aus ähnlichen Gründen, so ist ein Verdachtsfall[23] gegeben.

Art. 240 - Hat der Bluträcher wegen einer vorsätzlichen Tötung Klage erhoben und bezeugt einer der beiden rechtschaffenen Zeugen eine vorsätzliche Tötung, der andere aber nur eine Tötung, und bestreitet der Angeklagte die vorsätzliche Tötung, so wird das als Verdachtsfall angesehen, wenn der Richter Verdacht schöpft, und der Ankläger muß die Tötung mit der qasāma beweisen.

Art. 241 - Bezeugt einer der beiden rechtschaffenen Männer eine Tötung durch den Angeklagten und der andere das Geständnis einer Tötung durch den Angeklagten, so ist die Tötung nicht bewiesen; es besteht aber ein Verdachtsfall, wenn der Richter Verdacht schöpft.

---

23 "lauṯ". Ist der Beweis einer qiṣāṣ-Strafe nicht mit dem Strengbeweis zu erbringen, liegen aber Umstände vor, die nach den Regeln der freien Beweiswürdigung einen Verdacht gegen eine Person begründen, so ermöglicht die Feststellung des "Verdachtsfalles" den Beweis über das Schwurverfahren, ist also schon ein Ansatz zur Durchbrechung des starren Strengbeweises.

Art. 242 - Widersprechen die mutmaßlichen Indizien und Anzeichen einander, so besteht kein Verdachtsfall.

Art. 243 - Ankläger kann ein Mann oder eine Frau sein, jedenfalls muß er einer der Erben des Opfers sein.

Art. 244 - Streitet der Angeklagte in einem Verdachtsfall seine Anwesenheit am Tatort im Zeitpunkt der Tat ab, und gibt es keine Indizien, die für seine Täterschaft sprechen, so verlangt der Richter von dem Kläger, daß er Beweis antritt. Falls der Ankläger den Beweis nicht erbringt, wird der Angeklagte nach Leistung des Eides freigesprochen.

Wird die Gegenwart des Angeklagten zur Tatzeit bewiesen, so kann der Angeklagte Gegenbeweis antreten, um einen Freispruch zu erlangen. Erbringt er keinen Gegenbeweis, so ist der Verdachtsfall gegeben und der Ankläger muß die qasāma antreten. Leistet er die qasāma nicht, so kann er vom Angeklagten die Leistung der qasāma verlangen. In diesem Fall muß der Angeklagte, um einen Freispruch zu erreichen, in der in Artikel 247 vorgesehenen Art vorgehen.

Falls der Angeklagte in diesem Fall die qasāma nicht leistet, wird er zur Zahlung des Blutgeldes verurteilt.

Art. 245 - Liegen in einem Verdachtsfall keine Indizien vor, die den Verdacht einer Tötung nahelegen, muß der Kläger zur Durchführung der qasāma die Gegenwart des Angeklagten am Tatort im Zeitpunkt der Tat beweisen. Falls der Beweis nicht erbracht wird und der Angeklagte seine Gegenwart am Tatort im Zeitpunkt der Tat bestreitet, so wird seine Behauptung als wahr unterstellt, wenn er einen Eid darauf leistet.

Art. 246 - In einem Fall, in dem die Gegenwart des Angeklagten am Tatort zwar bewiesen wird, der Angeklagte aber einen beachtlichen Gegenbeweis, der zu seinem Freispruch führt, erbringen kann, ist kein Verdachtsfall gegeben.

Art. 247 - Leistet der Ankläger die qasāma nicht, so kann er von dem Angeklagten verlangen, daß dieser die qasāma leistet. In diesem Fall muß der Angeklagte für einen Freispruch eine qasāma in der in Artikel 248 angegebenen Art leisten. Falls er sich weigert, wird er zur Zahlung des Blutgeldes verurteilt.

Art. 248 - In den Verdachtsfällen wird die vorsätzliche Tötung durch fünfzig Eide bewiesen. Diejenigen, die den Eid leisten, müssen mit dem Ankläger verwandt und erwachsene Männer sein.

Erläuterung 1: Ankläger und Angeklagter können je nach den Umständen des Falles einer von denen sein, die den Eid leisten.

Erläuterung 2: Falls die Anzahl derer, die den Eid leisten, unter fünfzig liegt, kann jeder der Männer, die den Eid leisten, mehr als einen Eid leisten, bis fünfzig Eide geleistet wurden.

Erläuterung 3: Ist kein Mann aus der Familie des Anklägers zur Leistung der qasāma zur Stelle, so kann der Ankläger fünfzig Eide leisten, auch wenn er eine Frau ist.

Art. 249 - Um die Wiederholung von Eiden zulassen zu können, muß der Richter sich vergewissern, daß der Ankläger bzw. der Angeklagte entweder keine fünfzig Verwandte hat oder daß es zwar fünfzig oder mehr Verwandte gibt, diese aber nicht zur Leistung des Eides bereit sind. Ebenso muß der Richter das Verwandtschaftsverhältnis der Eidesleistenden zu dem Ankläger bzw. dem Angeklagten feststellen.

Art. 250 - Jeder, der den Eid leistet, muß den Täter und den Getöteten unzweideutig benennen und eindeutige Aussagen über Einzeltäter-, Mittäter- oder Teilnehmerschaft des oder der Täter sowie über die Art der Tötung machen.

Erläuterung: Vermutet der Richter , daß der bzw. die Eidesleistenden in der Bestimmung der Art der Tötung - vorsätzlich, quasi-vorsätzlich, fahrlässig - einem Irrtum unterliegen, so muß er ihnen gegenüber diesbezügliche Nachforschungen anstellen.

Art. 251 - Diejenigen, die den Eid leisten, müssen von dem Tötungsdelikt Kenntnis haben und aus sicherem Wissen den Eid leisten; eine Vermutung reicht nicht aus.

Erläuterung: Kommt der Richter zu der Ansicht, daß alle oder ein Teil derer, die den Eid leisten, ihn auf eine Vermutung hin leisten, so sind diese Eide unbeachtlich.

Art. 252 - Falls mehr als ein Angeklagter vorhanden ist, muß der Ankläger zum Beweis seiner Anklage in bezug auf jeden von ihnen den Eid leisten, und falls der Ankläger die qasāma nicht leistet, muß jeder der Angeklagten fünfzig Eide leisten.

Art. 253 - Die erforderliche Zahl der Eide für die qasāma bei quasivorsätzlicher und rein fahrlässiger Tötung beträgt fünfundzwanzig, die gemäß den Bestimmungen der obigen Artikel zu leisten sind.

Art. 254 - Die erforderliche Zahl der Eide für die qasāma bei Körperverletzung bestimmt sich wie folgt:

a) sechs Eide bei Verletzungen, die Anspruch auf ein volles Blutgeld begründen;

b) drei Eide bei Verletzungen, die Anspruch auf ein halbes Blutgeld begründen;

c) zwei Eide bei Verletzungen, die Anspruch auf ein Drittel, ein Viertel oder ein Fünftel Blutgeld geben;

d) ein Eid bei Verletzungen, die Anspruch auf ein Sechstel Blutgeld oder weniger geben.

Art. 255 - Wird eine Person in einem Gedränge getötet, oder wird eine Leiche auf einer öffentlichen Straße gefunden und gibt es für den Richter keine Indizien für diese Tötung, die Vermutungen in Richtung auf eine Person oder eine Gruppe zulassen, so muß der religiöse Richter das Blutgeld für das Opfer aus der Staatskasse gewähren; werden dem Richter Beweise vorgelegt, die den Verdacht erwecken, daß diese Tötung einer bestimmten Person oder Personengruppe anzulasten ist, so liegt ein Verdachtsfall vor.

Art. 256 - Wird eine Person an einem Ort tot aufgefunden und behauptet ihr Bluträcher, daß ein bestimmter Bewohner dieses Ortes sie getötet habe, so liegt ein Verdachtsfall vor. Wird in diesem Fall die Anwesenheit des Angeklagten im Zeitpunkt der Tat am Tatort bewiesen, so wird der durch die qasāma gestützten Anklage des Bluträchers stattgegeben.

Erläuterung: Bestreitet der Angeklagte seine Anwesenheit am Tatort im Zeitpunkt der Tat, so wird seine durch Eid gestützte Behauptung als wahr angesehen.

Siebter Abschnitt

Art und Weise der Vollstreckung der Vergeltung

Art. 257 - Eine vorsätzliche Tötung zieht Vergeltung nach sich, jedoch kann sie mit Zustimmung des Bluträchers und des Täters in den Betrag des vollen Blutgeldes oder weniger oder mehr umgewandelt werden.

Art. 258 - Tötet ein Mann eine Frau, so hat der Bluträcher das Recht, gegen Zahlung des halben Blutgeldes Vergeltung zu üben. Im Falle der Zustimmung des Täters kann er sich mit ihm auch auf den Betrag des vollen Blutgeldes oder mehr oder weniger einigen.

Art. 259 - Stirbt eine Person, die eine vorsätzliche Tötung begangen hat, so entfallen Vergeltung und Blutgeldzahlung.

Art. 260 - Flieht eine Person, die eine vorsätzliche Tötung begangen hat, und wird man ihrer nicht bis zu ihrem Tode habhaft, so wird die Vergeltung in ein Blutgeld umgewandelt, das aus dem Vermögen des Täters zu zahlen ist, und sofern er kein Vermögen hat, aus dem Vermögen seiner nächsten Verwandten, und zwar nach dem Prinzip "der Nächste für den Nächsten".[24]

---

24 Ein Prinzip aus dem Erbrecht, das besagt, daß näherstehende Angehörige fernerstehende vom Erbe ausschließen bzw. deren Anteil verringern.

Hat er keine nahen Verwandten oder können diese nicht zahlen, so ist das Blutgeld aus der Staatskasse zu zahlen.

Art. 261 - Die Bluträcher, die die Befugnis zur Vergeltung oder Verzeihung haben, sind die Erben des Getöteten, mit Ausnahme des Ehemannes oder der Ehefrau, die keine Befugnis zu Vergeltung, Verzeihung oder Vollstreckung der Vergeltung haben.

Art. 262 - An einer schwangeren Frau, die zu Vergeltung verurteilt wird, darf diese nicht vollstreckt werden, bevor sie nicht geboren hat, und falls nach der Geburt die Vergeltung zum Tod des Kindes führen würde, ist sie solange aufzuschieben, bis die Gefahr des Todes für das Kind nicht mehr besteht.

Art. 263 - Die Vergeltung wird mit einem geeigneten Instrument vollstreckt. Ein stumpfes Instrument, das dem Täter Qualen bereitet, ist nicht zulässig; dergleichen stellt eine Straftat dar.

Art. 264 - Sind mehrere Bluträcher vorhanden, so ist die Übereinstimmung aller zur Vergeltung notwendig. Wünschen alle die Vollstreckung der Vergeltung, so wird an dem Täter Vergeltung geübt; wenn einige von ihnen Vergeltung üben und andere das Blutgeld nehmen wollen, so können die ersteren die Vergeltung üben, müssen aber den Anteil des Blutgeldes der anderen Bluträcher, die das Blutgeld nehmen wollen, an diese zahlen, und wenn einige der Bluträcher umsonst Verzeihung gewähren, so können die anderen an dem, der getötet hat, Vergeltung üben, nachdem sie ihm den Teil des Blutgeldes gezahlt haben, der auf die Verzeihenden entfällt.

Art. 265 - Nachdem der religiöse Richter die Erlaubnis dazu gegeben hat, kann der Bluträcher Vergeltung an dem, der getötet hat, selbst üben oder einen Vertreter beauftragen.

Art. 266 - Hat das Opfer keinen Bluträcher, ist dieser unbekannt oder unerreichbar, so ist der Herrscher Bluträcher. Das Oberhaupt der Justiz leitet Schritte zur Verfolgung des Täters und je nach Fall zum Verlangen nach Vergeltung oder Blutgeld ein, indem es beim Herrscher die Erlaubnis einholt und die Sache an den zuständigen Staatsanwalt abgibt.

Art. 267 - Lassen eine oder mehrere Personen einen zu Vergeltung Verurteilten entkommen, so sind sie verpflichtet, ihn wieder herbeizuschaffen. Lag nach Auffassung des untersuchenden Richters Nachlässigkeit bei der Erfüllung einer Pflicht vor und könnte eine Inhaftierung[25] die Gestellung des Verurteilten bewirken, so wird jener in Haft genommen, bis sich der Verurteilte präsentiert.

Erläuterung: Stirbt der Täter, bevor er wieder herbeigeschafft wird, oder ist die Herbeischaffung aus anderen Gründen unmöglich, so haftet derjenige, der ihn hat entkommen lassen, für das Blutgeld für den Getöteten.

Art. 268 - Verzeiht das Opfer vor seinem Tod dem Täter in bezug auf die Vergeltung, so entfällt diese, und die Bluträcher können nach seinem Tod keine Vergeltung fordern.

Zweites Kapitel

Die Vergeltung für Glieder

Erster Abschnitt

Definitionen und Strafdrohungen bei der Vergeltung für Glieder

Art. 269 - Die vorsätzliche Abtrennung eines Gliedes oder dessen Verletzung zieht Vergeltung nach sich, und das Opfer kann je nach Lage des Falles mit Erlaubnis des Herrschers an dem Täter unter den genannten Voraussetzungen Vergeltung üben.

---

25 Dessen, der ihn hat entweichen lassen.

Erläuterung 1: Die Strafe des Teilnehmers an der Tat, die den Gegenstand dieses Artikels bildet, ist Gefängnisstrafe von sechs Monaten bis zu einem Jahr.

Erläuterung 2: Gibt es bei dieser Tat keinen Ankläger oder hat dieser auf eine Klage verzichtet oder zieht die Tat keine Vergeltung nach sich, hat sie aber die Ordnung der Gesellschaft verletzt oder Schrecken verbreitet oder besteht die Gefahr, daß der Täter oder andere sie wiederholen könnten, so zieht sie eine taᶜzīr-Strafe von drei Monaten bis zu zwei Jahren Gefängnis nach sich, und der Teilnehmer wird zu Gefängnisstrafe von zwei Monaten bis zu einem Jahr verurteilt.

Art. 270 - Beim Abtrennen eines Gliedes oder dessen Verletzung gibt es drei Arten: die vorsätzliche, quasi-vorsätzliche und fahrlässige Begehung, wobei die beiden letzten Arten im Abschnitt über das Blutgeld geregelt sind.

Art. 271 - Das Abtrennen oder Verletzen eines Gliedes gilt in den folgenden Fällen als vorsätzlich:

a) wenn der Täter bei der Tat den Vorsatz hat, ein Glied abzutrennen oder zu verletzen, gleich ob die Tat ihrer Art nach die Abtrennung oder Verletzung eines Gliedes herbeiführen kann;

b) wenn der Täter vorsätzlich eine Handlung ausführt, die ihrer Art nach die Abtrennung oder Verletzung eines Gliedes herbeiführen kann, auch wenn er nicht den Vorsatz hat, ein Glied abzutrennen oder zu verletzen;

c) wenn der Täter zwar nicht den Vorsatz hat, ein Glied abzutrennen oder zu verletzen, und seine Handlung ihrer Art nach diese an sich auch nicht herbeiführt, aber bei dem Opfer aufgrund von Krankheit, Alter, Invalidität, Kindesalter und dergleichen Gründe ihrer Art nach die Abtrennung oder Verletzung herbeiführt und dem Täter dies bekannt ist.

Zweiter Abschnitt

Voraussetzungen und Art des Vollzugs der Vergeltung für Glieder

Art. 272 - Bei Vergeltung für ein Glied sind außer zu den Voraussetzungen für die Vergeltung für eine Tötung folgende Voraussetzungen zu beachten:

1. die Gleichheit der Glieder in bezug auf ihren Gesundheitszustand;
2. die Gleichheit der Glieder in bezug auf ihre Bedeutung;
3. die Gleichheit des verwundeten Gliedes in bezug auf seine Lage;
4. die Vergeltung darf nicht zum Tod des Täters führen;
5. die Vergeltung darf nicht schwerer sein als die Straftat.

Art. 273 - Bei Vergeltung für Glieder sind Mann und Frau gleich, und der männliche Täter wird wegen des Verlustes eines Gliedes oder einer Verletzung, die er einer Frau zufügt, gleichermaßen zu Vergeltung verurteilt, es sei denn, daß das Blutgeld für ein Glied, dessen Verlust verursacht wird, ein Drittel oder mehr als ein Drittel des vollen Blutgeldes beträgt. In diesem Fall kann die Frau Vergeltung nur dann üben, wenn sie das halbe Blutgeld für dieses Glied an den Mann zahlt.[26]

Art. 274 - Für ein krankes Glied wird Vergeltung nicht an einem gesunden Glied geübt, sondern nur das Blutgeld für dieses Glied gezahlt. An einem kranken Glied wird jedoch für ein gesundes Glied Vergeltung geübt.

Art. 275 - Bei Vergeltung für ein Glied ist die Gleichheit der Lage zu beachten. Für ein Glied auf der rechten Seite ist an einem Glied des Täters auf dieser Seite, für ein Glied auf der linken Seite ist an einem Glied auf der linken Seite des Täters Vergeltung zu üben.

---

26 Beispiel: Zehn Finger einer Hand entsprechen einem vollen Blutgeld. Trennt ein Mann einer Frau drei Finger ab, so kann sie ihm ebenfalls drei Finger abschneiden, trennt ein Mann einer Frau vier Finger ab, so kann sie ihm zwar auch vier Finger abschneiden, muß ihm aber zwei Zehntel eines Blutgeldes, d.h. 4 x 1/10:2, zahlen (vgl. *Marʿašī*, Šarḥ-i qānūn-i ḥudūd-o-qiṣāṣ (Kommentar zum ḥudūd- und qiṣāṣ-Gesetz), Teheran 1365 (1986), S. 114.

Erläuterung: Hat der Täter keine rechte Hand, so ist seine linke, wenn er auch diese nicht hat, sein Fuß abzuschneiden.

Art. 276 - Eine Verletzung, die als Vergeltung zugefügt wird, muß in ihrer Länge und Breite der Körperverletzung entsprechen; wo es möglich ist, ist auch die Gleichheit bei der Tiefe zu beachten.

Erläuterung: Bei Wunden, die dem Schädelknochen oder der Schädelhaut zugefügt werden, ist die Gleichheit bei der Tiefe nicht Bedingung; es reicht vielmehr, wenn diese der Erfahrung nach gewährleistet ist.

Art. 277 - Ist bei Vergeltung für eine Verletzung die Berücksichtigung der Gleichheit nicht möglich, wie z.B. bei tiefen Verletzungen oder bei Knochenbrüchen oder Verrenkungen, oder derart, daß die Vergeltung den Täter töten könnte, oder das Maß der Körperverletzung übertrifft, so muß das Blutgeld gezahlt werden, wobei der Betrag entweder vom islamischen Gesetz bestimmt ist oder durch Urteil des religiösen Richters festgesetzt wird.

Art. 278 - Vergeltung für ein Glied kann sofort vollzogen werden. Es braucht nicht gewartet zu werden, bis die Lage der Verletzung geklärt ist. Wird aber Vergeltung geübt und führt danach die zugefügte Verletzung zum Tod des Opfers, so wird der Täter bei einer vorsätzlichen Tat zu Vergeltung für das Leben verurteilt. Vor der Vollstreckung der Vergeltung für das Leben muß dem Täter jedoch das Blutgeld für die Verletzung gezahlt werden, die ihm zuvor als Vergeltung wegen des Gliedes zugefügt worden war.[27]

Art. 279 - Zur Berücksichtigung der Gleichheit der Vergeltung mit der Körperverletzung müssen die Ränder der Wunde genau ausgemessen werden. Hindernisse, die die Anwendung der Vergeltung beeinträchtigen oder die zu einem Übermaß führen können, sind zu beseitigen.[28]

Art. 280 - Ist die als Vergeltung zugefügte Verletzung schwerer als die Körperverletzung, weil der Täter sich bewegt hat, so haftet der die Vergel-

27 Das heißt: A hackt B die Hand ab, darauf hackt B dem A die Hand ab. Jetzt stirbt B. Die Bluträcher von B können A töten, müssen ihm aber vorher das Blutgeld für die abgehackte Hand zahlen.

28 Z.B. müssen Haare abgeschnitten werden, die den Wundrand verdecken.

tung Ausführende nicht. Fällt die Vergeltung schwerer aus als die Körperverletzung, ohne daß sich der Täter bewegt hat, so unterliegt der die Vergeltung Ausführende, wenn das Übermaß vorsätzlich war, der Vergeltung für das, was das Maß der Vergeltung überschritten hat. Geschieht die Überschreitung nicht vorsätzlich, so obliegt dem die Vergeltung Ausführenden die Zahlung des Blutgeldes bzw. des Wertes für das Übermaß.[29]

Art. 281 - Könnte die Wärme oder Kälte der Witterung eine Wundinfektion herbeiführen, so ist die Vergeltung bei gemäßigten Temperaturen zu vollziehen.

Art. 282 - Die Instrumente für die Vollstreckung der Vergeltung müssen scharf, dürfen nicht vergiftet sein und müssen sich zur Vollstreckung der Vergeltung für das Abschneiden oder das Zufügen von Wunden eignen. Der dem Täter zugefügte Schmerz darf nicht größer sein als der durch seine Tat zugefügte.

Art. 283 - Blendet eine Person, die nur ein Auge hat, einen anderen oder reißt sie ihm die Augen aus, so wird Vergeltung geübt, obwohl der Täter nur ein Auge hat, und es wird kein Blutgeld gezahlt.

Art. 284 - Blendet eine Person, die zwei Augen hat, das Auge eines Einäugigen aus, so kann das Opfer Vergeltung üben und die Hälfte des vollen Blutgeldes erhalten oder von der Vergeltung absehen und das ganze Blutgeld nehmen, es sei denn, daß das Opfer schon früher ein Auge durch eine Vergeltung oder eine Straftat, die Anrecht auf das Blutgeld gab, verloren hat. In diesem Fall kann er die Vergeltung üben oder mit Zustimmung des Täters ein halbes Blutgeld erhalten.

Art. 285 - Zerstört eine Person die Sehkraft des Auges eines anderen, ohne den Augapfel zu beschädigen, so wird nur wegen der Sehfähigkeit des Täters Vergeltung geübt. Ist diese nicht ohne Schädigung des Augapfels möglich, so entfällt die Vergeltung, und der Täter muß das Blutgeld bezahlen.

---

29 "Arš": Eine vom Richter festzusetzende Summe.

Art. 286 - An einem gesunden Auge kann wegen Augen mit einer geringeren als der üblichen Sehkraft Vergeltung geübt werden.

Art. 287 - Schneidet eine Person einer anderen einen Teil des Ohrs ab und fügt das Opfer den abgeschnittenen Teil dem Ohr wieder an, so entfällt die Vergeltung nicht. Fügt der Täter, nachdem ein Teil seines Ohres zur Vergeltung abgeschnitten worden ist, diesen abgeschnittenen Teil wieder an, so darf niemand diesen Teil zum zweiten Mal abschneiden, damit jener die Spuren der Vergeltung trägt.

Art. 288 - Das Abschneiden der Ohrmuschel, das zum Verlust des Gehörs führt, wird als zwei Taten angesehen.

Art. 289 - Schneidet eine Person einer anderen die Nase ab, so darf das Opfer Vergeltung üben, auch wenn die Nase keinen Geruchssinn hatte.

Art. 290 - Schneidet eine Person einer anderen die Zunge oder die Lippen ab, so zieht dies Vergeltung unter Berücksichtigung der Gleichheit von Ausmaß und Ort nach sich.

Erläuterung: Schneidet eine Person, die sprechen kann, die Zunge einer stummen Person ab, so ist Vergeltung unzulässig; diese muß vielmehr in Blutgeld umgewandelt werden.

Art. 291 - Schlägt oder bricht eine Person einer anderen einen Zahn aus, so wird Vergeltung unter Berücksichtigung der Vorschriften für die Vergeltung für ein Glied geübt.

Erläuterung: Falls dem Opfer, bevor es Vergeltung übt, ein neuer Zahn wächst, wird der Täter zur Zahlung einer Geldstrafe verurteilt, wenn der Zahn schadhaft ist; ist der Zahn dagegen gesund, so wird eine ta^{c}zīr-Strafe von höchstens vierundsiebzig Peitschenhieben verhängt.

Art. 292 - Ist das Opfer ein Kind, so muß das Urteil um die erfahrungsgemäß erforderliche Zeit verschoben werden: Wachsen dem Kind neue Zähne nach, so ist der Täter zu einer Geldstrafe zu verurteilen, andernfalls zu Vergeltung.

Art. 293 - Hatte die Tat ein überzähliges Glied zum Gegenstand, und hat der Täter kein entsprechendes überzähliges Glied, so wird er nur zur Zahlung des Blutgeldes verurteilt.

VIERTES BUCH

Blutgeld

Erstes Kapitel

Definition und Fälle von Blutgeld

Art. 294 - Blutgeld ist ein Vermögenswert, der wegen einer Straftat gegen Leib oder Leben an das Opfer oder an seinen bzw. seine Bluträcher gezahlt werden muß.

Art. 295 - Blutgeld ist in den folgenden Fällen zu zahlen:

a) bei Tötung, Verletzung oder Verlust eines Gliedes durch reine Fahrlässigkeit. Eine solche liegt vor, wenn der Täter gegenüber dem Opfer weder den Vorsatz einer Tötung oder Körperverletzung noch den Vorsatz einer gegen das Opfer gerichteten Handlung überhaupt hatte - er gibt z.B. auf der Jagd einen Schuß mit entsprechendem Vorsatz ab, trifft aber eine Person;

b) bei Tötung, Verletzung oder Verlust eines Gliedes durch vorsatzähnliche Fahrlässigkeit. Eine solche liegt vor, wenn der Täter den Vorsatz einer Handlung hatte, die ihrer Art nach nicht zu einer Tötung oder Körperverletzung führt und er auch keinen diesbezüglichen Vorsatz gegenüber dem Opfer hatte - er schlägt z.B. eine Person, um sie zu züchtigen, und zwar in einer Art, die in der Regel nicht zum Tode oder einer Körperverletzung führt, es kommt aber durch einen unglücklichen Zufall zum Tode oder zu einer Körperverletzung, oder ein Arzt behandelt eine Krankheit in der üblichen Art, und es kommt dabei durch einen unglücklichen Zufall zum Tode oder zu einerKörperverletzung;

c) in Fällen von vorsätzlicher Tötung und Körperverletzung, bei denen Vergeltung nicht zulässig ist.

Erläuterung 1: Eine vorsätzliche Tötung oder Körperverletzung, die von einem Geisteskranken oder Unmündigen begangen wird, gilt als reine Fahrlässigkeitstat.

Erläuterung 2: Tötet eine Person eine andere in der Annahme, es handle sich um Vergeltung, oder Leib und Leben des Opfers seien rechtlich nicht geschützt,[30] und wird das vor Gericht bewiesen, stellt sich aber später heraus, daß an dem Opfer weder Vergeltung zu üben noch sein Leib und Leben ungeschützt war, wird vorsatzähnliche Fahrlässigkeit angenommen. - Wird die Behauptung bezüglich des Ungeschütztseins von Leib und Leben des Opfers bewiesen, entfallen Vergeltung und Blutgeld.

Erläuterung 3: Wird eine Tötung oder Körperverletzung aus Unvorsichtigkeit, Unachtsamkeit, mangelndem Können oder Mißachtung einschlägiger Vorschriften begangen, und zwar so, daß sich der Vorfall bei Beachtung der Vorschriften nicht ereignet hätte, gilt dies als quasi-vorsätzliche Tat.

Art. 296 - Gibt jemand vorsätzlich einen Schuß auf eine bestimmte Person oder Sache oder ein bestimmtes Tier ab, trifft aber einen Unbeteiligten, gilt dies als reine Fahrlässigkeit.

Zweites Kapitel

Die Höhe des Blutgeldes für eine Tötung

Art. 297 - Das Blutgeld für einen muslimischen Mann besteht in einer der sechs unten aufgeführten Sachen, die der Täter frei wählen, aber nicht kombinieren kann:

1. hundert gesunde und fehlerfreie Kamele, die nicht sehr mager sein dürfen;

2. zweihundert gesunde und fehlerfreie Kühe, die nicht sehr mager sein dürfen;

3. tausend gesunde und fehlerfreie Hammel, die nicht sehr mager sein dürfen;

4. zweihundert fehlerfreie jemenitische Gewänder;

5. tausend echte und unverfälschte geprägte Dinare von je einem gesetzlichen Meskal Gold im Gewicht von achtzehn nuḫūd;

---

30 Z.B. bei einem Gegner im Krieg.

6. zehntausend echte und unverfälschte geprägte Dirhams von einem Gewicht von je sechs Zwölftel nuḫūd Silber.

Erläuterung: Der Wert einer jeden dieser sechs Sachen wird gezahlt, wenn beide Seiten zustimmen oder die Sachen selbst nicht erbracht werden können.

Art. 298 - Ist Vergeltung nicht möglich oder stimmt der Bluträcher des Getöteten der Blutgeldzahlung zu, besteht das Blutgeld für eine vorsätzliche Tötung in einer der sechs obengenannten Sachen; in allen Fällen, in denen als Blutgeld Kamele bestimmt werden, müssen diese das fünfte Jahr vollendet haben und im sechsten Jahr stehen.

Art. 299 - Ist das Blutgeld für eine vorsätzliche oder quasi-vorsätzliche Tötung in einem der vier heiligen Monate (Rağab, Ḏū l-Qaᶜdā, Ḏū l-Ḥiğğa, Muḥarram) oder im Bereich der heiligen Stätten von Mekka verwirkt, so ist eine der sechs in Artikel 297 genannten Leistungen zu erbringen, zur Strafschärfung noch ein Drittel zusätzlich von der Art, die gewählt worden ist. Diese Vorschrift gilt nicht für sonstige Orte und Zeiten, auch wenn sie geheiligt sind.

Erläuterung: Die obige Vorschrift gilt nicht, wenn der Getötete mit dem Täter verwandt war.

Art. 300 - Das Blutgeld beträgt sowohl für die vorsätzliche als auch für die nicht vorsätzliche Tötung einer muslimischen Frau die Hälfte des Blutgeldes für einen muslimischen Mann.

Art. 301 - Das Blutgeld für eine Frau und für einen Mann ist gleich, bis der Betrag ein Drittel des vollen Blutgeldes erreicht; darüber hinaus beträgt das Blutgeld für die Verletzung einer Frau die Hälfte des Blutgeldes für die Verletzung eines Mannes.[31]

---

31 Vgl. Anmerkung zu Art. 273.

Drittes Kapitel

Die Frist für die Blutgeldzahlung

Art. 302 - Die Frist für die Zahlung des Blutgeldes, gerechnet von der Tatzeit an, ist in den verschiedenen Fällen wie folgt geregelt:

a) das Blutgeld für eine vorsätzliche Tötung ist binnen eines Jahres zu zahlen;

b) das Blutgeld für eine quasi-vorsätzliche Tötung ist binnen zwei Jahren zu zahlen;

c) das Blutgeld für eine rein fahrlässige Tötung ist binnen drei Jahren zu zahlen;

Erläuterung 1: Eine Verzögerung ist ohne beiderseitige Zustimmung nicht zulässig.

Erläuterung 2: Auch das Blutgeld für die Tötung eines Fötus sowie das Blutgeld für den Verlust eines Gliedes oder für eine Verletzung ist in der oben angegebenen Art zu zahlen.

Art. 303 - Ist der Täter einer quasi-vorsätzlichen Tötung nicht in der Lage, innerhalb der vorgeschriebenen Frist zu zahlen, wird ihm eine angemessene Frist gesetzt.

Viertes Kapitel

Die Zahlungspflicht beim Blutgeld

Art. 304 - Die Zahlung des Blutgeldes obliegt bei vorsätzlicher und quasi-vorsätzlicher Tötung dem Täter selbst.

Art. 305 - Die Zahlung obliegt bei rein fahrlässiger Tötung der ᶜāqila des Täters, wenn die Tötung durch Beweis, qasāma oder das Wissen des Richters bewiesen wurde. Wurde sie dagegen durch das Geständnis des Täters oder durch die Weigerung, den Eid oder die qasāma zu leisten, bewiesen, obliegt die Zahlung dem Täter selbst.

Art. 306 - Das Blutgeld für eine rein fahrlässige Tötung sowie das Blutgeld für offene Wunden, die den Knochen freilegen, und Verletzungen, die schwerer als diese sind, gehen zu Lasten der ^{c}āqila, das Blutgeld für Verletzungen, die leichter sind als diese, gehen zu Lasten des Täters.

Erläuterung: Vorsätzliche und quasi-vorsätzliche Straftaten von Unmündigen und Geisteskranken werden wie reine Fahrlässigkeitstaten behandelt und gehen zu Lasten der ^{c}āqila.

Art. 307 - Die ^{c}āqila besteht aus den nahen, über beide Eltern gleichzeitig oder nur über den Vater verwandten Angehörigen entsprechend ihrer Erbenklasse, so daß alle Personen, die bei einem Todesfall Erben sein können, ohne Unterschied zur Zahlung des Blutgeldes verpflichtet sind.

Erläuterung: Eine Person, die durch einen Haftungsvertrag für Straftaten[32] die Zahlung des Blutgeldes für eine Tötung oder eine Körperverletzung übernommen hat, gilt als Mitglied der ^{c}āqila.

Art. 308 - Unmündige, Geisteskranke und zahlungsunfähige Schuldner gelten nicht als Mitglieder der ^{c}āqila und sind nicht zur Zahlung des Blutgeldes für eine fahrlässige Tötung verpflichtet.

Art. 309 - Wird eine fahrlässige Tötung durch die Aussage rechtschaffener Zeugen bewiesen, hat die ^{c}āqila das Blutgeld zu zahlen. Wird sie aber durch das Geständnis des Täters bewiesen, haftet dieser selbst.

Art. 310 - Wird die Tatsache der Tötung durch die Aussage rechtschaffener Zeugen bewiesen und behauptet der Täter, die Tötung sei fahrlässig begangen worden, und bestreitet die ^{c}āqila das, geht ihr Wort dem Wort des Täters vor, wenn sie einen Eid darauf leistet.

32 Ein solcher Vertrag ist nach schiitischem Recht zulässig.

Art. 311 - Die ᶜāqila haftet nur für die Zahlung für Schäden bei einer rein fahrlässigen Tat gegen Leib und Leben wie z.B. einer ungeklärten Tötung. In den folgenden Fällen haftet sie nicht:

a) bei fahrlässigen Tötungs- und Körperverletzungsdelikten, die eine Person gegen sich selbst begeht;

b) bei durch reine Fahrlässigkeit verursachten Vermögensschäden.

Art. 312 - Hat ein Täter keine ᶜāqila oder ist diese nicht in der Lage, das Blutgeld binnen drei Jahren zu zahlen, wird das Blutgeld von der Staatskasse gezahlt.

Art. 313 - Das Blutgeld für vorsätzliche und quasi-vorsätzliche Taten geht zu Lasten des Täters; flieht er, so wird es aus seinem Vermögen erhoben, und wenn er kein Vermögen hat, von seinen nahen Verwandten unter Berücksichtigung des Grundsatzes "Der Nächste für den Nächsten"; hat er keine Verwandten oder können diese nicht zahlen, wird das Blutgeld von der Staatskasse gezahlt.

Art. 314 - Bei einer fahrlässigen Tötung muß das Gericht die ᶜāqila zur Hauptverhandlung laden, damit sie sich verteidigen kann. Ist die ᶜāqila jedoch nicht erreichbar oder erscheint sie auf Ladung nicht, ist das kein Grund, die Hauptverhandlung zu vertagen.

Art. 315 - Sind zwei Personen wegen einer Tötung angeklagt und behauptet jede, die andere habe die Tötung begangen, ist aber bekannt, daß eine von den beiden der Täter sein muß, ohne daß der gesetzliche Beweis für die Täterschaft des einen von ihnen erbracht wird, und ist ein Blutgeld zu zahlen, wird durch Los bestimmt, von welcher der zwei Personen es zu erheben ist.

Fünftes Kapitel

Haftungsgründe

Art. 316 - Eine Tötung oder eine Körperverletzung begründet eine Haftung, gleichgültig ob sie direkt oder indirekt oder durch ein Zusammentreffen von beidem begangen wird.

Art. 317 - Direkt begangen wird eine Tötung oder eine Körperverletzung, wenn sie unmittelbar durch den Täter selbst begangen wird.

Art. 318 - Indirekt wird sie begangen, wenn jemand eine Ursache für die Tötung oder Verletzung eines anderen setzt, aber die Tat nicht unmittelbar selbst ausführt, z.B. wenn jemand eine Grube gräbt und ein anderer hineinfällt und einen Schaden erleidet, und zwar in einer Weise, daß bei Fehlen der Ursache auch der Tod oder die Verletzung nicht eingetreten wäre.

Art. 319 - Verursacht ein Arzt, obgleich er erfahren und ein Spezialist ist, bei einer Heilbehandlung, die er persönlich durchführt oder zu deren Durchführung er die Anweisung gibt, den Tod oder einen Körper- oder Vermögensschaden, haftet er dafür, auch wenn die Einwilligung des Patienten oder seines Rechtsvertreters vorlag.

Art. 320 - Schneidet derjenige, der eine Beschneidung durchführt, mehr als notwendig ab und verursacht dadurch einen Schaden an Leib und Leben oder am Vermögen, haftet er dafür, auch wenn er erfahren ist.

Art. 321 - Verursacht ein Tierarzt, obgleich er ein Spezialist ist, bei der Behandlung eines Tieres, auch wenn sie mit Erlaubnis des Besitzers vorgenommen wird, einen Schaden, haftet er dafür.

Art. 322 - Hat der Arzt, Tierarzt oder eine entsprechende Person vor Beginn der Behandlung von dem Kranken, seinem Rechtsvertreter oder dem Besitzer des Tieres eine Haftungsfreistellung erhalten, haftet er nicht für die eingetretenen Schäden.

Art. 323 - Bewegt sich jemand im Schlaf oder wälzt er sich herum und tötet oder verletzt dadurch einen anderen, wird das als reine Fahrlässigkeitstat angesehen und es haftet seine cāqila.

Art. 324 - Trägt jemand etwas selbst oder transportiert er etwas mit einem Transportmittel oder etwas Vergleichbarem und stößt er dabei mit einem anderen zusammen und verursacht dadurch eine Tötung oder eine Körperverletzung, haftet er im Falle von Vorsatz und Quasi-Vorsatz; im Falle von reiner Fahrlässigkeit haftet seine cāqila.

Art. 325 - Richtet jemand eine Waffe gegen einen anderen oder hetzt er einen Hund auf ihn oder tut er irgend etwas anderes, was diesen in Angst versetzt wie z.B. Schreien oder Aufkreischen, wodurch er erschreckt wird, und stirbt dieser infolge des Schreckens, so wird das als vorsätzliche Tötung und als Grund für eine Vergeltung angesehen, wenn die Handlung von einer Art war, die zum Tode führt, oder wenn sie mit Tötungsvorsatz begangen wurde, auch wenn sie nicht von einer Art war, die in der Regel zum Tode führt; wenn dagegen die Handlung nicht von einer Art war, die in der Regel zum Tode führt, und nicht mit Tötungsvorsatz begangen wurde, wird sie als quasi-vorsätzlich angesehen, und das Blutgeld geht zu Lasten des Täters.

Art. 326 - Erschreckt jemand einen anderen, und flieht dieser daraufhin und stürzt bei der Flucht von einem erhöhten Punkt herab oder fällt in eine Grube und stirbt, haftet derjenige, der ihn erschreckt hat, wenn dieses Erschrecken zum Verlust von Willen und Willensfreiheit geführt und die Fassung eines Entschlusses verhindert hat.

Art. 327 - Stürzt sich jemand von einem hochgelegenen Punkt herab und fällt auf eine Person und verursacht deren Tod oder eine Körperverletzung, so liegt eine vorsätzliche Tat vor und Vergeltung ist verwirkt, wenn ein entsprechender Tatvorsatz vorlag. Lag kein Tötungsvorsatz vor, sondern nur der Vorsatz, sich herabzustürzen, und führt dies erfahrungsgemäß nicht zur Tötung eines anderen, liegt Quasi-Vorsatz vor und das Blutgeld ist aus dessen Vermögen zu zahlen. Das gleiche gilt, wenn jemand trotz des Vorsatzes, sich hinabzustürzen, sich unter Zwang hinabstürzte. Gleitet er jedoch aus oder stürzt er aus anderen zwingenden und außerhalb seines Willens liegenden Gründen hinab und verletzt oder tötet einen anderen, haftet er selbst, nicht seine ᶜāqila.

Art. 328 - Stößt jemand gegen einen anderen oder stößt er ihn um und der andere stirbt oder wird verletzt, gilt dies als quasi-vorsätzliche Tat, und der Täter hat das Blutgeld zu leisten, wenn er weder den Vorsatz zu einer Tötung oder einer Körperverletzung hatte, noch die von ihm beabsichtigte Handlung von einer Art war, die in der Regel den Tod oder eine Körperverletzung verursacht.

Art. 329 - Schleudert jemand einen anderen gegen einen Dritten und stirbt dieser oder wird er verletzt, gilt dies als quasi-vorsätzliche Tat, und der Täter hat das Blutgeld zu leisten, wenn er keinen Vorsatz zu einer Tötung oder Körperverletzung hatte und die von ihm beabsichtigte Handlung nicht von einer Art war, die in der Regel den Tod oder eine Körperverletzung verursacht.

Art. 330 - Hält sich eine Person auf ihrem Besitztum oder erlaubtermaßen an einem anderen Ort oder auf einem Weg auf oder läßt sie ihr Fahrzeug dort halten und ein anderer stößt dagegen und wird dadurch verletzt, so haftet die Person, die sich dort aufgehalten hat, für keinerlei Schäden.

Art. 331 - Hält sich jemand an einem Ort auf, an dem der Aufenthalt nicht erlaubt ist oder stellt jemand dort einen Gegenstand oder ein Fahrzeug ab und stößt ein anderer irrtümlich und unbeabsichtigt mit ihm oder mit dem Gegenstand oder Fahrzeug zusammen und stirbt, obliegt dem sich dort Aufhaltenden bzw. dem, der den Gegenstand oder das Fahrzeug abgestellt hat, die Zahlung des Blutgeldes. Ebenso haftet er für den Schaden, wenn er das Ausgleiten eines Vorübergehenden und die dadurch entstandene Verletzung verursacht, außer wenn der Passant trotz der Breite des Weges absichtlich mit dem sich dort Aufhaltenden zusammengestoßen ist. In diesem Fall ist nicht nur sein Schaden nicht ersatzfähig, sondern er haftet auch noch für den Schaden dessen, der sich dort aufhält.

Sechstes Kapitel

Teilnahme an der Tötung oder der Körperverletzung

Art. 332 - Ist erwiesen, daß ein Soldat oder ein Mitglied der Ordnungskräfte in Ausführung des Befehls eines gesetzlichen Vorgesetzten geschossen hat und daß dabei kein Verstoß gegen Vorschriften vorlag, haftet er nicht für das Blutgeld für den Getöteten. Das Blutgeld obliegt der Staatskasse, es sei denn, daß der Getötete oder der Verletzte nicht geschützt waren.

Art. 333 - Überquert ein Fußgänger die Straße, obwohl der Übergang verboten ist, und kann der Fahrer trotz erlaubter Geschwindigkeit, erlaubter Fahrweise und ohne daß ein technischer Defekt vorliegt, in dieser Situation das Fahrzeug nicht mehr kontrollieren und erfaßt den Fußgänger und tötet oder verletzt ihn, haftet der Fahrer nicht für das Blutgeld und den Schadensersatz.

Art. 334 - Stoßen zwei Personen zusammen und werden infolge des Zusammenstoßes getötet, wird im Fall von Quasi-Vorsatz für jeden das halbe Blutgeld aus dem Vermögen des anderen gezahlt; im Falle reiner Fahrlässigkeit geht die Zahlung des halben Blutgeldes jeweils zu Lasten der ᶜāqila des anderen.

Art. 335 - Stoßen zwei Personen zusammen und wird eine davon durch den Zusammenstoß getötet, ist im Fall von Quasi-Vorsatz die andere zur Zahlung des halben Blutgeldes für den Getöteten verpflichtet; liegt reine Fahrlässigkeit vor, ist die ᶜāqila des anderen zur Zahlung des halben Blutgeldes für den Getöteten verpflichtet.

Erläuterung: Stößt eine Person durch einen unglücklichen Zufall und ohne Vorsatz mit einer anderen zusammen und verursacht dadurch einen Schaden, gilt dies als reine Fahrlässigkeit.

Art. 336 - Wurden infolge eines Zusammenstoßes zweier Fahrer deren Transportmittel, z.B. ihre Fahrzeuge, beschädigt, so haftet in dem Fall, daß der Zusammenstoß beiden anzulasten ist und sich beide oder keiner von ihnen fahrlässig verhalten hat, jeder für die Hälfte des Schadens an dem Fahrzeug des anderen, unabhängig davon, ob diese gleicher Art sind und ob der Grad ihrer Fahrlässigkeit gleich ist oder nicht. Hat aber nur einer von ihnen fahrlässig gehandelt, haftet nur dieser.

Erläuterung: Fahrlässigkeit ist z.B. Unaufmerksamkeit, Rücksichtslosigkeit, mangelnde Fähigkeit oder Nichtbeachtung behördlicher Vorschriften.

Art. 337 - Wird durch den Zusammenstoß zweier Fahrzeuge der Tod von Insassen verursacht, haften bei Quasi-Vorsatz die Fahrer beider Fahrzeuge für die Hälfte des Blutgeldes aller Insassen und im Fall von reiner Fahrlässigkeit haftet die ᶜāqila eines jeden für die Hälfte des Blutgeldes aller Insassen. Wenn aber bei dem Zusammenstoß bei dem einen Fahrer Quasi-Vorsatz, bei dem anderen Fahrlässigkeit vorlag, entspricht die Haftung dem Grunde der Zahlungspflicht.

Erläuterung: Können die Fahrer den Zusammenstoß der Fahrzeuge nicht beeinflussen, wie z.B. bei einem Bergrutsch, einem Sturm oder in anderen Fällen höherer Gewalt, besteht keinerlei Haftung.

Art. 338 - Wird jemand, den man in der Nacht aus seinem Haus gerufen und herausgeholt hat, vermißt, haftet der Rufende für das Blutgeld, wenn nicht bewiesen wird, daß ihn ein anderer getötet hat. Wird bewiesen, daß der Tod auf natürliche Weise oder durch höhere Gewalt eingetreten ist, schuldet der Rufende nichts.

Art. 339 - Wer auf einem öffentlichen Weg oder an irgendeinem Ort, über den er nicht rechtmäßig verfügen kann, eine Grube gräbt oder einen Stein oder etwas Glitschiges auf den Weg legt oder irgendetwas anderes tut, das bei Passanten einen Schaden verursacht, haftet für Blutgeld und Schadensersatz. Geschieht jedoch dergleichen auf seinem eigenen Besitztum oder an einem Ort, über den er rechtmäßig verfügen kann, ist er nicht zur Zahlung von Blutgeld oder Schadensersatz verpflichtet.

Siebtes Kapitel

Mittelbare Verursachung einer Straftat

Art. 340 - Wer auf dem Besitztum eines anderen mit dessen Erlaubnis eine der in Artikel 339 genannten Tätigkeiten ausführt und bei einem Dritten einen Personen- oder Sachschaden verursacht, haftet nicht für Blutgeld oder Schadensersatz.

Art. 341 - Wer auf einem öffentlichen Weg eine Arbeit im Interesse der Passanten ausführt, durch die der Tod einer Person, eine Körperverletzung oder ein Sachschaden verursacht wird, haftet nicht für Blutgeld und Schadensersatz.

Art. 342 - Führt jemand eine der in Artikel 339 genannten Tätigkeiten in seinem Hause aus oder ruft er einen anderen in sein Haus, der aufgrund von Blindheit oder Dunkelheit diese nicht bemerkt, haftet er für Blutgeld und Schadensersatz. Betritt jemand ohne Erlaubnis des Hausherrn oder mit einer Erlaubnis, die der Hausherr vor Durchführung der genannten Arbeiten erteilt hat, ohne dessen Wissen ein Anwesen, haftet dieser im Schadensfall weder für Blutgeld noch für Schadensersatz.

Art. 343 - Tritt aufgrund von Naturereignissen wie z.B. einer Überschwemmung oder dergleichen eines der obengenannten Ereignisse ein und wird dadurch ein Personen- oder ein Sachschaden verursacht, haftet niemand, es sei denn, es bestand die Möglichkeit zu ihrer Beseitigung. Treibt z.B. eine Überschwemmung einen Gegenstand an und legt jemand diesen an seinen ursprünglichen Platz oder einen schlechteren Ort, haftet er für Blutgeld und Schadensersatz; wenn er ihn aber von der Mitte der Straße wegnimmt und im Interesse der Passanten in einen Winkel legt, haftet er nicht.

Art. 344 - Nimmt jemand auf dem Besitztum eines anderen unbefugt eine der in Artikel 339 genannten Tätigkeiten vor und verletzt er dadurch eine dritte Person, die unbefugt dieses Besitztum betreten hat, so ist der unbefugt Handelnde zu Zahlung von Blutgeld und Schadensersatz verpflichtet.

Art. 345 - Stellt jemand Waren, die er zum Kauf und Verkauf feilbietet, auf einem Fahrzeug auf einer öffentlichen Straße aus und verursacht dadurch einen Schaden, haftet er dafür, wenn nicht das Interesse der Passanten es gebot, daß er die Ware vorübergehend auf der Straße abstellte.

Art. 346 - Schüttet jemand etwas Glitschiges auf eine Straße und gleitet dadurch ein Passant aus, haftet der Täter für Blutgeld und Schadensersatz, es sei denn, daß ein mündiger, geistig normaler bzw. mindestens einsichtsfähiger Passant absichtlich darauf getreten ist, obwohl er dies hätte vermeiden können.

Art. 347 - Stellt jemand etwas an seine Wand oder bringt er dort etwas an und fällt dies infolge unvorhergesehener Ereignisse auf eine öffentliche Straße, haftet er (im Schadensfall) nicht, außer wenn er die Sache in einer Art aufgestellt oder angebracht hat, daß sie erfahrungsgemäß herunterfallen kann.

Art. 348 - Fällt eine Dachrinne oder der Balkon eines Hauses oder dergleichen, die nicht in die öffentliche Straße hineinragen durften, herunter und wird dadurch ein Personen- oder ein Sachschaden verursacht, haftet der Besitzer des Hauses. War jedoch die Anlage oder die Errichtung erlaubt und ist nur durch einen unglücklichen Zufall heruntergefallen und wurde dadurch ein Personen- oder ein Sachschaden verursacht, haftet der Besitzer des Hauses nicht.

Art. 349 - Errichtet jemand auf dem eigenen oder erlaubtermaßen auf fremdem Besitztum eine Mauer auf einem festen Fundament, stürzt diese aber aufgrund unvorhergesehener Umstände wie z.B. einem Erdbeben zusammen und verursacht einen Schaden, haftet der Besitzer nicht. Ebensowenig haftet er, wenn er die Mauer in Richtung auf sein Besitztum hin gebaut hat, so daß sie, wenn sie umstürzt, erfahrungsgemäß auf sein Besitztum stürzen müßte, diese aber durch einen unglücklichen Zufall in eine andere Richtung stürzt und einen Personen- oder einen Sachschaden verursacht.

Art. 350 - Baut jemand auf seinem Grundstück eine Mauer, die senkrecht steht und nach keiner Richtung geneigt ist, und neigt sich diese aber später langsam in Richtung auf ein anderes Besitztum, stürzt um und verursacht einen Personen- oder einen Sachschaden, bevor der Besitzer die Möglichkeit hatte, sie zu reparieren, haftet er nicht. Stürzt sie aber wegen seiner Nachlässigkeit um und verursacht einen Personen- oder einen Sachschaden, nachdem er die Möglichkeit zur Reparatur hatte, haftet er.

Art. 351 - Bringt jemand die Mauer eines anderen zum Neigen oder Absinken und fällt infolgedessen die Mauer um und wird dadurch ein Personen- oder ein Sachschaden verursacht, haftet er für diese.

Art. 352 - Zündet jemand auf seinem Besitztum nach seinen Bedürfnissen oder darüber hinaus ein Feuer an und glaubt er, daß es sich nicht weiter ausbreiten werde und dieses sich auch erfahrungsgemäß nicht weiter ausbreitet, durch einen unglücklichen Zufall dies jedoch geschieht, und wird dadurch ein Personen- oder ein Sachschaden verursacht, haftet er nicht.

Art. 353 - Zündet jemand auf seinem Besitztum ein Feuer an, das sich erfahrungsgemäß auf einen anderen Ort ausbreitet, oder von dem er annimmt, daß es sich bis zu einem anderen Ort ausbreiten werde und infolge dieser Ausbreitung einen Personen- oder Sachschaden verursachen wird, haftet er, auch wenn er das Feuer im Rahmen seiner Bedürfnisse angezündet hat.

Art. 354 - Zündet jemand auf seinem Besitztum ein Feuer an und greift das Feuer auf einen anderen Ort über und ist dieses Übergreifen ihm anzulasten, haftet er für den entstanden Personen- und Sachschaden, auch wenn er das Feuer im Rahmen seiner Bedürfnisse angezündet hat.

Art. 355 - Zündet jemand auf dem Besitztum eines anderen ohne dessen Erlaubnis oder auf einer öffentlichen Straße ohne Rücksicht auf die Interessen der Passanten ein Feuer an, durch das ein Personen- oder ein Sachschaden verursacht wird, haftet er, auch wenn er nicht die Absicht hatte, solche Schäden zu verursachen.

Erläuterung: In allen Fällen, in denen derjenige, der ein Feuer angezündet hat, für Personenschäden haftet, darf es keinen Weg zur Flucht und Rettung der Geschädigten gegeben haben. Andernfalls haftet derjenige, der das Feuer angezündet hat, nicht.

Art. 356 - Zündet jemand ein Feuer an und wirft ein anderer Gegenstände, die einer dritten Person gehören, hinein und verbrennt sie, haftet dieser für die Schäden, nicht aber derjenige, der das Feuer angezündet hat.

Art. 357 - Jeder Besitzer eines Tieres, der die Gefahr kennt, daß dieses jemanden angreifen und verletzen könnte, muß es zurückhalten; richtet das Tier aus Nachlässigkeit und Leichtsinn des Besitzers einen Schaden an, haftet der Besitzer. Hat er den Zustand des Tieres, der die Gefahr eines Angriffs und der Schädigung anderer mit sich bringt, nicht bemerkt, oder hatte er, falls er ihn bemerkt hat, nicht die Möglichkeit, das Tier zurückzuhalten, und hat er seine Aufsichtspflicht nicht verletzt, so haftet er für den entstandenen Schaden nicht.

Art. 358 - Greift ein Tier einen Menschen an und setzt sich dieser zu seiner Verteidigung im notwendigen Maß zur Wehr und tötet dabei das Tier oder verletzt es, haftet er nicht. Ebensowenig haftet er, wenn er das Tier vor dem Angriff auf eine Person oder ein schutzwürdiges Gut auf die erforderliche Art abhält und es dabei tötet oder verletzt.

Erläuterung: Fügt jemand in anderen Fällen als denen der notwendigen Verteidigung oder in Fällen von deren Überschreitung dem Tier einen Schaden zu, haftet er dafür.

Art. 359 - Greift ein Tier durch Leichtsinn und Nachlässigkeit des Besitzers ein anderes an und verletzt es, haftet der Besitzer für den Schaden, und niemand haftet für irgendeinen Schaden, den das angreifende Tier erleidet.

Art. 360 - Betritt jemand das Haus eines anderen mit dessen Erlaubnis, und fügt ihm der Hund des Hauses Verletzungen zu, haftet der Besitzer des Hauses, sowohl wenn der Hund vorher in dem Haus war, als auch wenn er hinterher hineingelangt ist und unabhängig davon, ob der Besitzer des Hauses weiß, daß das Tier Verletzungen zufügen kann.

Art. 361 - Läßt ein Reiter ein Tier an einem Ort stehen, haftet er für jeglichen Schaden.

Art. 362 - Schlägt jemand ein Tier und verursacht dieses infolge der Schläge einen Schaden, haftet der Schlagende für den verursachten Schaden.

Achtes Kapitel

Zusammentreffen von indirekter Ursache und direkter Begehung bzw. Zusammentreffen mehrerer indirekter Ursachen

Art. 363 - Beim Zusammentreffen einer direkten und einer indirekten Ursache für eine Tötung oder eine Körperverletzung haftet derjenige, der die direkte Ursache gesetzt hat, es sei denn, die indirekte Ursache war stärker als die direkte.

Art. 364 - Sind an einer Tötung oder einer Körperverletzung zwei Personen indirekt beteiligt und handeln sie unbefugt, haftet derjenige, dessen Handlung sich auf die Tötung oder die Körperverletzung vor der zweiten indirekten Ursache auswirkt. Gräbt z.B. eine dieser zwei Personen eine Grube und die andere legt einen Stolperstein daneben, so daß ein Vorübergehender dadurch, daß er über den Stein stolpert, in die Grube fällt, so haftet nur derjenige, der den Stolperstein gelegt hat. Derjenige, der die Grube gegraben hat, haftet nicht. Handelt von beiden einer befugt und einer unbefugt, haftet nur der, der unbefugt handelte.

Art. 365 - Haben mehrere Personen zusammen einen Personen- oder einen Sachschaden verursacht, haften sie alle gleich.

Art. 366 - Stoßen zwei Personen durch die Schaffung einer indirekten Ursache zusammen und werden sie dadurch getötet oder verletzt, haftet derjenige, der die indirekte Ursache gesetzt hat.

Neuntes Kapitel

Das Blutgeld für Glieder

Art. 367 - Für jede Verletzung eines Körperteils, für den nicht nach islamischem Recht ein besonderer Betrag als Blutgeld bestimmt ist, muß der Täter eine Geldstrafe zahlen.

Erster Abschnitt

Das Blutgeld für Haare

Art. 368 - Entfernt jemand das Haupthaar oder das Gesichtshaar eines Mannes in einer Weise, daß es nicht nachwächst, hat er das volle Blutgeld zu zahlen; wenn es nachwächst, muß er für das Haupthaar eine Geldstrafe zahlen; für den Bart haftet er nur mit einem Drittel des vollen Blutgeldes.

Art. 369 - Entfernt jemand das Haupthaar einer Frau in einer Weise, daß es nicht nachwächst, haftet er für das volle Blutgeld für eine Frau, und wenn es nachwächst, haftet er wie für den angemessenen Brautpreis. Dabei gibt es keinen Unterschied zwischen einer erwachsenen Frau und einem jungen Mädchen.

Erläuterung: Ist der Brautpreis höher als das volle Blutgeld, wird er nur bis zum Betrag des vollen Blutgeldes bezahlt.

Art. 370 - Wächst ein Teil der ausgerissenen Haare nach und ein anderer Teil nicht, wird der Teil, der nicht nachwächst, zu der gesamten Haarfläche in Beziehung gesetzt, und der Geschädigte erhält Blutgeld im entsprechenden Verhältnis.

Art. 371 - Die Feststellung, ob das Haar nachwächst oder nicht, obliegt einem Sachverständigen, und wenn nach dem Gutachten des Sachverständigen das Blutgeld oder die Geldstrafe bezahlt wurde und das Haar später doch nachwächst, muß der Betrag, der über die danach geschuldete Geldstrafe hinausgeht, dem Täter zurückerstattet werden.

Art. 372 - Das Blutgeld für die beiden Augenbrauen beträgt, falls diese nicht mehr nachwachsen, 500 Dinar; das Blutgeld für jede einzelne 250 Dinar. Das Blutgeld für einen Teil der Augenbrauen steht im entsprechenden Verhältnis zur ganzen. Wachsen die Augenbrauen nach, ist eine Geldstrafe verwirkt. Wächst ein Teil von ihnen nach und ein anderer Teil nicht, ist für den nachwachsenden Teil eine Geldstrafe verwirkt, für den nicht nachwachsenden Teil Blutgeld für den jeweiligen Teil der Oberfläche.

Art. 373 - Die Entfernung der Augenwimpern und der Härchen des unteren Augenlids ziehen eine Geldstrafe nach sich, unabhängig davon, ob sie nachwachsen oder nicht, und auch davon, ob sie ganz oder nur teilweise entfernt wurden.

Art. 374 - Die Entfernung von Haaren führt dann zu Geldstrafe oder Blutgeld, wenn sie allein erfolgt und nicht zusammen mit der Entfernung eines Gliedes, des Ablösens von Haut oder dergleichen Handlungen. In solchen Fällen ist nur das Blutgeld für das abgeschnittene Glied oder dergleichen zu zahlen.

Zweiter Abschnitt

Das Blutgeld für die Augen

Art. 375 - Die Zerstörung von beiden gesunden Augen begründet den Anspruch auf das volle Blutgeld, und das Blutgeld für jedes einzelne von ihnen beträgt die Hälfte des vollen Blutgeldes.

Erläuterung: Alle sehfähigen Augen sind nach der obigen Vorschrift gleichwertig, auch wenn sie sich durch Schwäche, Krankheit, Nachtblindheit oder Schielen unterscheiden.

Art. 376 - Das Blutgeld für ein Auge, das in seiner Pupille einen weißen Fleck hat, ist ein volles Blutgeld, wenn dieser Fleck die Sehfähigkeit nicht beeinträchtigt. Beeinträchtigt er die Sehfähigkeit teilweise, ist das Unterscheidungsvermögen aber noch erhalten, so wird im entsprechenden Verhältnis ein Abzug vom Blutgeld vorgenommen. Hat der weiße Fleck die Sehfähigkeit insgesamt zerstört, ist nur eine Geldstrafe, kein Blutgeld fällig.

Art. 377 - Das Blutgeld für das Auge einer Person, die nur ein gesundes, sehendes Auge hat, während sie da zweite Auge von Geburt an oder infolge einer Krankheit oder einer anderen Ursache, die nicht mit einer Straftat zusammenhängt, verloren hat, ist das volle Blutgeld. Wurde das andere Auge durch Vergeltung oder eine Körperverletzung verloren, beträgt das Blutgeld die Hälfte des vollen Blutgeldes.

Art. 378 - Bei einer Person, die ein sehendes und ein blindes Auge hat, beträgt das Blutgeld für das blinde Auge ein Drittel des vollen Blutgeldes für das Sehende, unabhängig davon, ob es von Natur aus blind war oder ob es durch eine Körperverletzung erblindet ist.

Art. 379 - Das Blutgeld für die vier Augenlider der beiden Augen ist das volle Blutgeld; das Blutgeld für die oberen Augenlider beträgt ein Drittel des vollen Blutgeldes und das Blutgeld für die unteren Augenlider die Hälfte des vollen Blutgeldes.

DRITTER ABSCHNITT

Das Blutgeld für die Nase

Art. 380 - Das Abschneiden der ganzen Nase durch eine Handlung oder der Nasenflügel unter der Röhre und dem Knochen gibt Anspruch auf das volle Blutgeld. Das Abschneiden eines Teils der Nasenflügel gibt Anspruch auf einen entsprechenden Teil des Blutgeldes.

Art. 381 - Das Abschneiden eines Teils des Nasenknochens nach dem Abschneiden der Nasenflügel gibt Anspruch auf das volle Blutgeld und eine Geldstrafe.[33]

Art. 382 - Die Zerstörung und Zertrümmerung der Nase sowie die Zufügung von Brandverletzungen an der Nase in einer Weise, daß keine Heilung erfolgt, gibt Anspruch auf das volle Blutgeld. Ist aber eine Wiederherstellung ohne verbleibende Schäden möglich, sind 100 Dinar zu zahlen.

Art. 383 - Die Lähmung der Nase gibt Anspruch auf zwei Drittel des vollen Blutgeldes und das Abschneiden der gelähmten Nase gibt Anspruch auf ein Drittel des vollen Blutgeldes.

Art. 384 - Die Zerstörung jeden Nasenlochs gibt Anspruch auf ein Drittel des vollen Blutgeldes und das Durchlöchern der Nase, so daß beide Nasenlöcher und die Nasenscheidewand zwischen ihnen zerstört werden oder diese ein Loch hat, aber nicht völlig zerstört ist, gibt Anspruch auf ein Drittel des vollen Blutgeldes. Ist die Wiederherstellung möglich, ist ein Fünftel des Blutgeldes zu zahlen.

Art. 385 - Das Blutgeld für das Abschneiden der Nasenspitze in der Weise, daß Blut fließt, ist das halbe Blutgeld.

Vierter Abschnitt

Das Blutgeld für Ohren

Art. 386 - Das Abtrennen beider Ohren gibt Anspruch auf das volle Blutgeld, das Abtrennen eines von ihnen auf die Hälfte des vollen Blutgel-

33 Arš: siehe Anm. 28.

des. Das Abtrennen eines Teils von ihnen gibt Anspruch auf Blutgeld nach demselben Maßstab unter Berücksichtigung des Verhältnisses zum ganzen Ohr.

Art. 387 - Das Abtrennen eines Ohrläppchens gibt Anspruch auf ein Drittel des Blutgeldes für das Ohr, und das Abtrennen eines Teils davon gibt Anspruch auf Blutgeld im entsprechenden Verhältnis.

Art. 388 - Das Zerfetzen eines Ohrs gibt Anspruch auf ein Drittel des Blutgeldes.

Art. 389 - Die Lähmung eines Ohrs gibt Anspruch auf zwei Drittel des Blutgeldes und das Abschneiden eines gelähmten Ohrs auf ein Drittel des Blutgeldes.

Erläuterung : Verletzt jemand ein Ohr und führt dadurch eine Entzündung des Gehörs herbei und wird dieses dadurch geschädigt oder eine Entzündung oder Zerstörung des Knochens verursacht, ist jeweils ein besonderes Blutgeld zu leisten.

Art. 390 - Ein gesundes hörfähiges Ohr und ein taubes Ohr sind nach den genannten Vorschriften in den obigen Fällen gleichwertig.

Fünfter Abschnitt

Das Blutgeld für Lippen

Art. 391 - Das gleichzeitige Abtrennen beider Lippen gibt Anspruch auf das volle Blutgeld. Das Abtrennen einer von ihnen gibt Anspruch auf die Hälfte des vollen Blutgeldes, das Abtrennen eines Teils der Lippen begründet den Anspruch auf einen Teil des Blutgeldes unter Berücksichtigung des Verhältnisses zu den Lippen insgesamt.

Art. 392 - Eine Verletzung, durch die die Lippen derart zurückgezogen werden, daß die Zähne nicht mehr bedeckt sind, gibt Anspruch auf einen Betrag, den der Richter festsetzt.

Art. 393 - Eine Verletzung, die die Lippen so erschlaffen läßt, daß beim Lachen und ähnlichen Bewegungen die Zähne nicht mehr sichtbar werden, gibt Anspruch auf zwei Drittel des vollen Blutgeldes.

Art. 394 - Das Abtrennen gelähmter und empfindungsloser Lippen gibt Anspruch auf ein Drittel des Blutgeldes.

Art. 395 - Das Spalten einer oder beider Lippen, so daß die Zähne sichtbar sind, gibt Anspruch auf ein Drittel des vollen Blutgeldes, falls Heilung möglich ist, auf ein Fünftel des vollen Blutgeldes.

Sechster Abschnitt

Das Blutgeld für die Zunge

Art. 396 - Das Abschneiden der ganzen gesunden Zunge oder der Sprachverlust bei einem gesunden Menschen durch einen Schlag auf das Gehirn oder eine ähnliche Handlung, gibt Anspruch auf das volle Blutgeld, das Abschneiden der Zunge eines Stummen auf ein Drittel des vollen Blutgeldes.

Art. 397 - Das Abschneiden eines Teils der Zunge eines Stummen gibt Anspruch auf das Blutgeld im entsprechenden Verhältnis zur ganzen Zunge; das Blutgeld für einen Teil der Zunge eines gesunden Menschen steht jedoch im Verhältnis zum Verlust der Fähigkeit, Laute zu bilden.

Art. 398 - Die Bestimmung des Teils des Blutgeldes für eine Verletzung der Zunge, die zwar nicht zum Verlust bestimmter Laute führt, aber einen Sprachfehler zur Folge hat, erfolgt durch den Richter.

Art. 399 - Schneidet jemand einen Teil der Zunge ab und hat dies die Unfähigkeit zur Folge, bestimmte Laute zu artikulieren, und schneidet ein anderer den anderen Teil der Zunge ab, was zum Verlust der Fähigkeit führt, die restlichen Laute zu artikulieren, entspricht das jeweilige Blutgeld dem Verhältnis des Verlustes der Artikulationsfähigkeit.

Art. 400 - Das Abschneiden der Zunge eines Kindes, das noch nicht sprechen kann, gibt Anspruch auf das volle Blutgeld.

Art. 401 - Das Abschneiden der Zunge eines Kindes, das das Alter zum Sprechen erreicht hat, aber noch nicht spricht, gibt Anspruch auf ein Drittel des Blutgeldes. Stellt sich nachträglich heraus, daß die Zunge gesund und zum Sprechen geeignet war, wird das volle Blutgeld berechnet und der Rest vom Täter nachgefordert.

Art. 402 - Hat eine Verletzung Stummheit zur Folge und wurde das volle Blutgeld vom Täter gezahlt, heilt aber später die Zunge und wird wieder gesund, ist das Blutgeld zurückzuerstatten.

Siebter Abschnitt

Das Blutgeld für Zähne

Art. 403 - Das Entfernen aller achtundzwanzig Zähne begründet Anspruch auf das volle Blutgeld, und zwar wird dieses folgendermaßen aufgeteilt:

1. für jeden Vorderzahn, nämlich die mittleren und seitlichen Schneidezähne und die Eckzähne, davon je zwei oben und zwei unten, insgesamt zwölf Zähne, je 50 Dinar, für alle zusammen 600 Dinar;

2. für jeden Backenzahn an den vier Enden der Zahnreihe oben und unten, jeweils ein vorderer und drei hintere Backenzähne, alles zusammen 16 Zähne, je 25 Dinar, für alle zusammen 400 Dinar.

Art. 404 - Zusätzliche Zähne geben keinen Anspruch auf Blutgeld, ohne Rücksicht darauf, in welcher Art sie gewachsen sind. Werden sie gezogen und entsteht dabei ein Schaden, wird die Höhe der Geldestrafe durch den Richter bestimmt; entsteht kein Schaden, wird auch keine Geldstrafe auferlegt. Der Richter verhängt aber nach seinem Ermessen bis zu vierundsiebzig Peitschenhieben.

Art. 405 - Sind weniger als achtundzwanzig Zähne vorhanden, so wird vom vollen Blutgeld im entsprechenden Verhältnis ein Abzug vorgenommen, ohne Rücksicht darauf, ob es von Anfang an oder aufgrund eines Unglücksfalls weniger Zähne waren.

Art. 406 - Ein Unterschied zwischen Zähnen verschiedener Farbe wird nicht gemacht. Wird ein Zahn aufgrund einer Verletzung schwarz, fällt aber nicht aus, so beträgt das Blutgeld dafür zwei Drittel des Blutgeldes für den Zahn, wenn er gesund wäre, und die Blutgeldzahlung für einen Zahn, der schon vorher schwarz war, beträgt ein Drittel des Blutgeldes für den gesunden Zahn.

Art. 407 - Für einen Sprung in einem Zahn, ohne daß er gezogen werden muß oder anderweitig entfernt wird, setzt der Richter eine Geldstrafe fest.

Art. 408 - Das Abbrechen des sichtbaren Teils eines Zahns gibt trotz Verbleibens der Wurzel Anspruch auf das volle Blutgeld. Wird nach dem Abbrechen eines solchen Teils der Rest der Wurzel gezogen, setzt der Richter nach seinem Ermessen eine Geldstrafe fest, unabhängig davon, ob derjenige, der den Rest der Wurzel zieht, derselbe ist, der den sichtbaren Teil des Zahns abgebrochen hat, oder eine andere Person.

Art. 409 - Das Ausreißen des Milchzahns eines Kindes gibt Anspruch auf das volle Blutgeld, wenn kein Zahn nachwächst. Wächst aber an seiner Stelle ein Zahn nach, so beträgt das Blutgeld für einen Milchzahn, der ausgerissen wurde, ein Kamel.

Art. 410 - Ein Zahn, der ausgeschlagen wird, gibt Anspruch auf das volle Blutgeld, auch wenn man ihn wieder einsetzt und er wieder anwächst.

Art. 411 - Wird ein anderer Zahn an die Stelle des ausgeschlagenen Zahns gesetzt und sieht er aus wie der ursprüngliche Zahn, gibt das Ausschlagen des echten Zahns dennoch Anspruch auf das Blutgeld.

Achter Abschnitt

Das Blutgeld für den Hals

Art. 412 - Die Verletzung des Halses mit der Folge, daß dieser schief wird, gibt Anspruch auf das volle Blutgeld.

Art. 413 - Für eine Körperverletzung, die ein Schiefwerden des Halses zur Folge hat, sowie für eine Körperverletzung, die das Schlucken der Nahrung erschwert, setzt der Richter nach seinem Ermessen eine Geldstrafe fest.

Art. 414 - Verursacht die Verletzung ein Schiefwerden des Halses oder Schluckbeschwerden, klingen diese Folgen aber wieder ab, geben sie keinen Anspruch auf das Blutgeld, jedoch muß eine Geldstrafe gezahlt werden; dasselbe gilt für den Fall, daß der Verletzte nach dem Verschwinden der Folgen nur mit Mühe den Hals gerade halten oder schlucken kann.

Neunter Abschnitt

Das Blutgeld für den Kiefer

Art. 415 - Die Zerstörung beider Kiefer gibt Anspruch auf das volle Blutgeld; das Blutgeld für jeden einzelnen Kiefer beträgt 500 Dinar. Die Zerstörung eines Teils eines Kiefers gibt Anspruch auf Blutgeld im Verhältnis zu diesem Teil. Das Blutgeld für die Zerstörung eines Kiefers und eines

Teils des anderen Kiefers gibt einen Anspruch auf das halbe Blutgeld sowie das Blutgeld für den Teil des anderen Kiefers.

Art. 416 - Das Blutgeld für den Kiefer ist unabhängig von dem Blutgeld für die Zähne, und wenn der Kiefer samt den Zähnen zerstört wird, wird das Blutgeld für jeden von ihnen gesondert berechnet.

Art. 417 - Für Verletzungen, die zu einer Schädigung des Kiefers führen oder zu Schwierigkeiten beim Kauen oder sogar zu dessen Unmöglichkeit, bestimmt der Richter eine Geldstrafe nach seinem Ermessen.

Zehnter Abschnitt

Das Blutgeld für Hände und Füße

Art. 418 - Das Abschneiden beider Hände bis zum Handgelenk gibt Anspruch auf das volle Blutgeld. Das Blutgeld für jede Hand ist die Hälfte des vollen Blutgeldes, unabhängig davon, ob der Verletzte nur eine Hand hat und ihm die andere von Geburt an oder infolge eines Unfall fehlt, oder ob er beide Hände hat.

Art. 419 - Das Blutgeld für das Abschneiden der Finger jeder Hand - nur diese oder bis zur Handwurzel - beträgt 500 Dinar.

Art. 420 - Für das Abschneiden einer Handfläche, an der von Geburt an oder infolge eines Unfalls die Finger fehlen, bestimmt der Richter eine Geldstrafe nach seinem Ermessen.

Art. 421 - Das Blutgeld für das Abschneiden eines Armes bis zum Ellenbogen beträgt 500 Dinar, gleichgültig, ob eine Hand vorhanden war oder nicht, ebenso beträgt das Blutgeld für das Abschneiden eines Armes bis zur Schulter 500 Dinar, unabhängig davon, ob ein Unterarm vorhanden war oder nicht.

Art. 422 - Das Blutgeld für eine Hand mit Fingern beträgt, wenn sie oberhalb vom Handgelenk oder der Handwurzel abgeschnitten wird, oder oberhalb des Ellenbogens, 500 Dinar zuzüglich einer Geldstrafe, die unter Berücksichtigung des zusätzlichen Ausmaßes bestimmt wird.

Art. 423 - Hatte jemand vom Handgelenk, vom Ellenbogen oder von der Schulter an zwei Arme, so ist das Blutgeld für den eigentlichen Arm 500 Dinar; in bezug auf den zusätzlichen Arm kann der Richter den Streit auf jede Art beenden, die er für angemessen hält. Welcher Arm der Eigentliche oder der Zusätzliche ist, wird von einem Sachverständigen beurteilt.

Art. 424 - Das Blutgeld für alle zehn Finger beider Hände sowie für die zehn Zehen beider Füße ist das volle Blutgeld; das Blutgeld für einen Finger oder Zeh beträgt ein Zehntel des vollen Blutgeldes.

Art. 425 - Das Blutgeld für einen einzelnen Finger wird durch die Zahl der Gelenke des Fingers geteilt. Das Abschneiden eines Fingergelenks außer am Daumen gibt Anspruch auf ein Drittel des Blutgeldes für einen gesunden Finger, und beim Daumen auf die Hälfte des Blutgeldes für einen gesunden Daumen.

Art. 426 - Das Blutgeld für einen überzähligen Finger beträgt ein Drittel des Blutgeldes für einen normalen Finger, und das Blutgeld für überzählige Gelenke ein Drittel des Blutgeldes für ein normales Gelenk.

Art. 427 - Das Blutgeld für die Lähmung eines Fingers beträgt zwei Drittel des Blutgeldes für einen gesunden Finger, und das Blutgeld für das Abschneiden eines gelähmten Fingers beträgt ein Drittel des Blutgeldes für einen gesunden Finger.

Art. 428 - Die Vorschriften dieses Abschnitts sind auch auf die Füße anzuwenden.

Elfter Abschnitt

Das Blutgeld für Fingernägel

Art. 429 - Das Blutgeld für das Ausreißen eines Fingernagels mit der Folge, daß er nicht nachwächst oder verdorben oder schwarz wird, beträgt 10 Dinar, und wenn er gesund und weiß nachwächst, 5 Dinar.

Zwölfter Abschnitt

Das Blutgeld für die Wirbelsäule

Art. 430 - Das Brechen der Wirbelsäule gibt Anspruch auf das volle Blutgeld, unabhängig davon, ob überhaupt keine Heilung erfolgt, oder ob die Wirbelsäule nach der Heilbehandlung gekrümmt bleibt, der Betroffene nicht ohne Stock gehen kann, impotent oder blasenleidend wird. Ebenso gibt eine Verletzung, die eine Krümmung des Rückens verursacht oder die Fähigkeit zum Sitzen oder Gehen nimmt, Anspruch auf das volle Blutgeld.

Art. 431 - Hatte nach dem Brechen oder einer anderweitigen Verletzung der Wirbelsäule die Heilbehandlung Wirkung und bleiben keine Folgen der Verletzung zurück, muß der Täter 100 Dinar zahlen.

Art. 432 - Für das Brechen der Wirbelsäule, das die Lähmung beider Beine zur Folge hat, ist das volle Blutgeld zu zahlen; für die Lähmung der Beine sind zwei Drittel des vollen Blutgeldes vorgesehen.

Dreizehnter Abschnitt

Das Blutgeld für Rückenmark

Art. 433 - Das Durchtrennen des gesamten Rückenmarks gibt Anspruch auf das volle Blutgeld; das Blutgeld für das teilweise Durchtrennen des Rückenmarks richtet sich nach dem Verhältnis des Ausmaßes zum Ganzen.

Art. 434 - Verursacht das Durchtrennen des Rückenmarks den Ausfall eines anderen Gliedes und ist für dieses Glied ein Blutgeld festgelegt, kommt dieses noch zu dem vollen Blutgeld für das Durchtrennen des Rückenmarks dazu. Ist für dieses Glied kein Blutgeld festgelegt, kommt zu dem vollen Blutgeld für das Durchtrennen des Rückenmarks eine Geldstrafe.

Vierzehnter Abschnitt

Das Blutgeld für Hoden

Art. 435 - Das gleichzeitige Abschneiden beider Hoden gibt Anspruch auf das volle Blutgeld, das Abschneiden des linken Hodens auf zwei Drittel und des rechten Hodens auf ein Drittel des Blutgeldes.

Erläuterung: In der genannten Vorschrift wird nicht zwischen Jung und Alt, Kindern und Erwachsenen, Impotenten und Gesunden u.ä. unterschieden.

Art. 436 - Das Blutgeld für die Entzündung der Hoden beträgt 400 Dinar, und wenn die Entzündung den Verlust der Fähigkeit zum Gehen verursacht, beträgt das Blutgeld 800 Dinar.

Fünfzehnter Abschnitt

Das Blutgeld für Rippen

Art. 437 - Das Blutgeld für jede Rippe, die auf der linken Seite liegt und das Herz umgibt, beträgt 25 Dinar, und das Blutgeld für die übrigen Rippen 10 Dinar.

Sechzehnter Abschnitt

Das Blutgeld für Schlüsselbeine

Art. 438 - Das Brechen der beiden Schlüsselbeinknochen gibt Anspruch auf das volle Blutgeld. Das Brechen eines Schlüsselbeins, wenn keine Heilung möglich ist oder ein Schaden zurückbleibt, gibt Anspruch auf die Hälfte des vollen Blutgeldes, und wenn eine Heilung erfolgt, auf 40 Dinar.

Siebzehnter Abschnitt

Das Blutgeld für das Gesäß

Art. 439 - Die Verletzung des Gesäßes in der Weise, daß der Verletzte seine Ausscheidungen nicht mehr kontrollieren kann, gibt Anspruch auf das volle Blutgeld. Kann er seine Ausscheidungen kontrollieren, aber seine Blähungen nicht beherrschen, setzt der Richter eine Geldstrafe nach seinem Ermessen fest.

Art. 440 - Ein Schlag auf den Damm zwischen den Hoden und dem Gesäß, der die Unfähigkeit zur Kontrolle der Ausscheidungen zur Folge hat, gibt Anspruch auf das volle Blutgeld; das gleiche gilt, wenn infolge eines Schlages auf eine andere Stelle das Opfer seine Ausscheidungen nicht mehr kontrollieren kann.

Art. 441 - Das Entfernen des Jungfernhäutchens eines Mädchens mit dem Finger, das zur Folge hat, daß sie ihre Harnentleerung nicht kontrollieren kann, gibt außer dem Anspruch auf das Blutgeld für eine Frau auch noch Anspruch auf die angemessene Brautgabe.

Achtzehnter Abschnitt

Das Blutgeld für Knochen

Art. 442 - Das Blutgeld für das Brechen des Knochens eines Gliedes, für das ein Blutgeld festgesetzt ist, beträgt ein Fünftel dieses Blutgeldes. Wird der Knochen geheilt und bleiben keine Folgen zurück, beträgt das Blutgeld vier Fünftel des Blutgeldes für das Brechen. Das Blutgeld für Schläge beträgt ein Drittel des Blutgeldes für das Glied, und im Falle der Heilung ohne bleibende Schäden beträgt das Blutgeld vier Fünftel des Blutgeldes für den Schlag auf das Glied.

Art. 443 - Wird der Knochen von dem Glied abgetrennt, so daß das Glied nicht mehr gebrauchsfähig ist, sind für das Glied zwei Drittel des Blutgeldes zu zahlen. Im Falle einer Heilung ohne Schäden beträgt das Blutgeld vier Fünftel des ursprünglichen Blutgeldes für das Abtrennen.

Neunzehnter Abschnitt

Das Blutgeld für die geistigen Fähigkeiten

Art. 444 - Jede Verletzung, die die geistigen Fähigkeiten zerstört, gibt Anspruch auf das volle Blutgeld. Werden sie nur beeinträchtigt, ist eine Geldstrafe zu zahlen.

Art. 445 - Die Zerstörung oder Minderung der geistigen Fähigkeiten zieht keine Vergeltung nach sich.

Art. 446 - Wurden durch Verletzungen, wie z.B. durch einen Schlag auf das Gehirn, die Verursachung eines Schädelbruchs oder das Abschneiden eines Arms[34] die geistigen Fähigkeiten beeinträchtigt, ist das Blutgeld für jeden Fall gesondert zu leisten, und eine Verrechnung ist nicht zulässig.

Art. 447 - Wurden aufgrund einer Verletzung geistige Fähigkeiten beeinträchtigt und ist das volle Blutgeld vom Täter gezahlt worden, stellen sich aber später die geistigen Fähigkeiten wieder her, wird das Blutgeld zurückerstattet und vom Richter nach seinem Ermessen eine Geldstrafe bestimmt.

Art. 448 - Für die Beurteilung der Zerstörung oder Beeinträchtigung geistiger Fähigkeiten sind zwei unbescholtene Sachverständige zuständig. Wird infolge abweichender Meinungen der Sachverständigen eine Zerstörung oder Minderung der geistigen Fähigkeiten nicht festgestellt, hat das Wort des Täters, auf das er einen Eid genommen hat, überwiegendes Gewicht.

Zwanzigster Abschnitt

Das Blutgeld für das Gehör

Art. 449 - Die Zerstörung der Gehörs auf beiden Ohren gibt Anspruch auf das volle Blutgeld, und die Zerstörung des Gehörs auf einem Ohr auf das halbe Blutgeld, auch wenn das Hörvermögen auf einem der beiden Ohren stärker war als auf dem anderen.

Art. 450 - Hatte jemand auf einem Ohr das Gehör schon verloren, gibt die Ertaubung des anderen Ohrs Anspruch auf das halbe Blutgeld.

Art. 451 - Steht fest, daß das Hörvermögen nicht wieder zurückkehrt, oder bestätigen zwei unbescholtene Sachverständige, daß es nicht zurückkehren wird, wird das Blutgeld festgesetzt. Haben die Sachverständigen die Hoffnung, daß das Hörvermögen nach einer bestimmten Zeit zurückkehrt, ist

34 sic.

dies aber am Ende einer Wartezeit noch nicht der Fall, wird das Blutgeld ebenfalls festgesetzt. Kehrt das Gehör vor Empfang des Blutgeldes zurück, wird eine Geldstrafe bestimmt. Kehrt es nach Empfang des Blutgeldes zurück, wird dieses nicht zurückerstattet. Stirbt das Opfer vor Empfang des Blutgeldes, wird die Blutgeldzahlung festgesetzt.

Art. 452 - Geht durch das Abschneiden beider Ohren das Gehör verloren, sind zwei volle Blutgelder zu leisten, und wird durch das Abschneiden eines Ohres das Gehör ganz zerstört, sind eineinhalb Blutgelder zu zahlen. Wird durch eine andere Verletzung das Gehör zerstört, ist das Blutgeld für die andere Verletzung zu zahlen und außerdem Blutgeld für das Gehör.

Erläuterung: Sagen zwei unbescholtene Sachverständige aus, daß das Gehör nicht verloren gegangen, sondern im Gehörgang ein Defekt aufgetreten ist, der das Hören unmöglich macht, wird Blutgeld für das Gehör festgesetzt.

Art. 453 - Wird ein Kind, das noch nicht gesprochen hat, infolge des Ertaubens stumm, wird der Täter außer zu Blutgeld für das Gehör zu einer Geldstrafe wegen des Verlustes des Sprachvermögens verurteilt.

Art. 454 - Gehen infolge einer Verletzung Gehör und Sprachvermögen verloren, sind zwei Blutgelder zu leisten.

Art. 455 - Verursacht jemand bei einem anderen das Zerreißen des Trommelfells, wird er zur Zahlung einer Geldstrafe verurteilt.

Art. 456 - Bestehen zwischen Täter und Opfer abweichende Meinungen und können diese durch zuverlässige Sachverständige und Untersuchungen nicht geklärt werden, ist ein Verdachtsfall gegeben und das Opfer erhält das Blutgeld, wenn es die qasāma leistet.

Einundzwanzigster Abschnitt

Das Blutgeld für die Sehkraft

Art. 457 - Die Zerstörung der Sehkraft beider Augen gibt Anspruch auf das volle Blutgeld, die Zerstörung der Sehkraft eines Auges auf die Hälfte des vollen Blutgeldes.

Erläuterung: In der genannten Vorschrift wird nicht zwischen einem scharfsichtigen, schielenden oder nachtblinden Auge unterschieden.

Art. 458 - Geht die Sehkraft durch die Zerstörung der Pupille verloren, beträgt das Blutgeld nicht mehr als das Blutgeld für die Zerstörung der Pupille, und geht infolge einer anderen Verletzung wie z.B. das Einschlagen des Schädels die Sehkraft verloren, ist sowohl das Blutgeld oder eine Geldstrafe für diese Verletzung, als auch das Blutgeld für die Sehkraft zu leisten.

Art. 459 - Im Falle abweichender Meinungen von Täter und Opfer wird das Blutgeld festgesetzt, wenn zwei unbescholtene männliche Sachverständige oder ein unbescholtener männlicher und zwei unbescholtene weibliche Sachverständige bestätigen, daß die Sehkraft verloren sei und nicht zurückkehre oder daß sie zwar zurückkehre, aber keinen Zeitpunkt dafür nennen. Ebenso wird das Blutgeld festgesetzt, wenn sie für die Rückkehr eine erfahrungsgemäß erforderliche Zeit angeben und diese Zeit abläuft, die Sehkraft aber nicht zurückkehrt.

Stirbt das Opfer vor Ablauf der bestimmten Zeit, so wird das Blutgeld festgesetzt. Ebenso wird, wenn ein anderer die Pupille zerstört, das Blutgeld wegen des Verlustes der Sehkraft gegen den ersten Täter festgesetzt.

Kehrt die Sehkraft zurück und zerstört ein anderer das Auge, muß der erste Täter nur eine Geldstrafe zahlen.

Art. 460 - Behauptet das Opfer, daß die Sehkraft auf einem oder auf beiden Augen schwächer geworden sei, wird dies durch eine Untersuchung und den Vergleich mit Altersgenossen oder mit dem anderen Auge geprüft.

Für den Unterschied ist Blutgeld zu zahlen. Ist das durch die Untersuchung nicht festzustellen, wird die qasāma angewendet.

Art. 461 - Behauptet das Opfer, daß seine Sehkraft zerstört sei, kann dafür aber keine Bestätigung durch Sachverständige beibringen, läßt ihn der Richter mit der qasāma schwören und erläßt das Urteil zu seinen Gunsten.

Erläuterung: Die qasāma beträgt für jemanden, der auf beiden Augen blind ist, sechs Eide, für jemanden, der auf einem blind ist, drei Eide und bei Minderung der Sehkraft dieser Minderung entsprechend, unabhängig davon, ob der Ankläger die Eide allein oder zusammen mit anderen leistet.

Zweiundzwanzigster Abschnitt

Das Blutgeld für den Geruchsinn

Art. 462 - Die Zerstörung der Geruchsinns beider Nasengänge gibt Anspruch auf das volle Blutgeld, die Zerstörung des Geruchsinns eines Nasengangs auf das halbe Blutgeld. Der Richter muß im letzteren Fall vor Verkündung des Urteils den Parteien einen Versöhnungsvorschlag machen.

Art. 463 - Im Falle abweichender Meinungen von Täter und Opfer wird, wenn der Verlust oder die Schwächung des Geruchsinns weder durch eine Untersuchung noch durch zwei rechtschaffene Sachverständige festgestellt werden kann, nach Leistung der qasāma (gemäß Erläuterung zu Art. 461) zugunsten des Anklägers entschieden.

Art. 464 - Kehrt der Geruchsinn vor der Zahlung des Blutgeldes zurück, so wird eine Geldstrafe bestimmt. Kehrt der Geruchsinn später zurück, muß ein Ausgleich vorgenommen werden. Stirbt das Opfer vor Ablauf der für das Zurückkehren des Geruchsinns festgesetzten Wartezeit, wird das Blutgeld festgesetzt.

Art. 465 - Geht durch das Abschneiden der Nase der Geruchsinn verloren, sind zwei Blutgelder zu leisten, ebenso wenn der Geruchsinn durch eine andere Verletzung verloren geht. In diesem Fall wird das Blutgeld für diese Verletzung zu dem Blutgeld für den Geruchsinn hinzugerechnet. Ist für diese Verletzung kein Blutgeld festgelegt, wird eine Geldstrafe, die der Richter nach seinem Ermessen bestimmt, zu dem Blutgeld für den Geruchsinn hinzugerechnet.

Dreiundzwanzigster Abschnitt

Das Blutgeld für den Geschmacksinn

Art. 466 - Die Zerstörung des Geschmacksinns zieht eine Geldstrafe nach sich.

Art. 467 - Geht durch das Abschneiden der Zunge der Geruchsinn verloren, so gibt es nur das Blutgeld für die Zunge; geht der Geschmacksinn durch eine andere Verletzung verloren, wird das Blutgeld oder die Geldstrafe für diese Verletzung zu der Geldstrafe für den Geschmacksinn hinzugerechnet.

Art. 468 - Falls der Geschmacksinn zurückkehrt, muß die Geldstrafe zurückerstattet werden.

Art. 469 - Wird durch die Heranziehung zweier unbescholtener Sachverständiger das Ausmaß der Verletzungen geklärt, wird entsprechend verfahren; ist das nicht der Fall, so wird bei Vorliegen eines Verdachtsfalles mittels der qasāma des Anklägers je nach Sachlage das Urteil zu seinen Gunsten erlassen.

Vierundzwanzigster Abschnitt

Das Blutgeld für Stimme und Sprechfähigkeit

Art. 470 - Die vollständige Zerstörung der Stimme eines anderen in einem Maße, daß er nicht mehr klar artikulieren kann, gibt Anspruch auf das volle Blutgeld, auch wenn er noch abgehackt und langsam Laute hervorbringen kann.

Art. 471 - Die vollständige Zerstörung der Sprechfähigkeit eines anderen in einem Maße, daß er überhaupt nicht mehr sprechen kann, gibt Anspruch auf das volle Blutgeld.

Art. 472 - Für eine Körperverletzung, die einen Sprachfehler zur Folge hat, bestimmt der Richter eine Geldstrafe nach seinem Ermessen.

Art. 473 - Die Geldstrafe für eine Körperverletzung, die zum Verlust der Artikulation einiger Laute führt, muß im Wege der Vereinbarung festgesetzt werden.

Fünfundzwanzigster Abschnitt

Das Blutgeld für Harninkontinenz

Art. 474 - Für eine Verletzung, die eine Harninkontinenz zur Folge hat, wird eine Geldstrafe folgendermaßen festgelegt:

a) dauert sie täglich und bis zum Ende eines jeden Tages an, ist das volle Blutgeld fällig;

b) dauert sie täglich bis zur Mitte jeden Tages an, sind zwei Drittel des Blutgeldes fällig;

c) dauert sie jeden Tag bis zum Anbruch eines Tages an, ist ein Drittel des Blutgeldes fällig.

Erläuterung: Dauert die Harninkontinenz einige Tage an und hört dann wieder auf, bestimmt der Richter die Geldstrafe nach seinem Ermessen.

Art. 475 - Folgende strafbare Handlungen ziehen eine Geldstrafe nach sich:

a) die Verursachung der Unmöglichkeit des Samenergusses;

b) der Verlust der Fortpflanzungsfähigkeit oder der Gebärfähigkeit;

c) der Verlust des sexuellen Lustgefühls beim Geschlechtsverkehr.

Art. 476 - Eine Verletzung, die die Möglichkeit zum Geschlechtsverkehr vollständig zerstört, gibt Anspruch auf das volle Blutgeld.

Art. 477 - Für jede Verletzung, die den Verlust oder die Beeinträchtigung vitaler Funktionen wie Schlaf oder Tastsinn zur Folge hat oder die das Auftreten von Krankheiten verursacht und für die kein Blutgeld festgelegt ist, bestimmt der Richter eine Geldstrafe nach seinem Ermessen.

Art. 478 - Wird der Penis eines Mannes von der Eichel an oder mehr abgeschnitten, entsteht ein Anspruch auf das volle Blutgeld. Weniger als die Eichel wird im Verhältnis der Fläche zur Eichel berechnet und ein enssprechender Anteil des Blutgeldes bezahlt.

Art. 479 - Wird die Vulva einer Frau vollständig abgeschnitten, entsteht ein Anspruch auf das volle Blutgeld, wird nur die eine Seite abgeschnitten, auf das halbe Blutgeld.

Zehntes Kapitel

Das Blutgeld für Verletzungen

Erster Abschnitt

Das Blutgeld für Verletzungen von Kopf und Gesicht

Art. 480 - Das Blutgeld für Verletzungen von Kopf und Gesicht ist wie folgt geregelt:

1. für eine Hautabschürfung, ohne daß Blut fließt: ein Kamel;

2. für eine Schürfung, die durch die Haut geht und das Fleisch geringfügig verletzt, wobei gleichzeitig wenig oder auch viel Blut fließt: zwei Kamele;

3. für eine Verletzung, die tiefer ins Fleisch geht, aber nicht die Knochenhaut erreicht: drei Kamele;

4. für eine Verletzung, die durch das Fleisch dringt und bis zur Knochenhaut reicht: vier Kamele;

5. für eine Verletzung, die durch das ganze Fleisch und die Knochenhaut geht und den Knochen bloßlegt: fünf Kamele;

6. für eine Handlung, durch die der Knochen zerbricht, auch wenn sie keine Wunde verursacht: zehn Kamele;

7. für eine Verletzung, deren Heilung nur durch das Einrenken eines Knochens möglich ist: fünfzehn Kamele;

8. eine Verletzung, die bis in die Gehirnschale dringt, gibt Anspruch auf ein Drittel des vollen Blutgeldes oder auf 33 Kamele;

9. bei einer Verletzung, durch die die Gehirnschale zertrümmert wird, wird zu dem Drittel des vollen Blutgeldes eine Geldstrafe hinzugerechnet.

Erläuterung: Das Blutgeld für eine Verletzung von Ohren, Nase und Lippen steht dem Blutgeld für Verletzungen an Kopf und Gesicht gleich.

Art. 481 - Wird eine der in den Ziffern 1-5 genannten Verletzungen an einer anderen Stelle als auf dem Kopf oder im Gesicht zugefügt, so muß, falls für das betreffende Glied ein Blutgeld festgesetzt ist, dessen Verhältnis zum vollen Blutgeld bewertet werden; danach wird es im gleichen Verhältnis für die obigen, nicht auf Kopf und Gesicht gerichteten Verletzungen bestimmt. Falls es für das betreffende Glied kein Blutgeld gibt, wird eine Geldstrafe festgesetzt.

Zweiter Abschnitt

Das Blutgeld für innere Verletzungen

Art. 482 - Das Blutgeld für innere Verletzungen ist wie folgt geregelt:

1. für eine Verletzung, die jemandem mit irgendeinem Mittel auf irgendeine Weise am Bauch, an der Brust, im Rücken oder in der Seite zugefügt wird: ein Drittel des vollen Blutgeldes;

2. gelangt irgendein (Tat-)Werkzeug von einer Seite in den Körper und kommt es zu einer anderen wieder heraus, besteht Anspruch auf zwei Drittel des vollen Blutgeldes.

Erläuterung: Die Waffe, die die Verletzung zugefügt hat, kann eine Schußwaffe oder eine andere Waffe sein.

Dritter Abschnitt

Das Blutgeld für Verletzungen, die in ein Glied eines Menschen eindringen

Art. 483 - Dringt ein Speer, eine Kugel oder ein ähnlicher Gegenstand in einen Arm oder ein Bein ein, beträgt das Blutgeld 100 Dinar, wenn das Opfer ein Mann ist. Ist das Opfer eine Frau, ist eine Geldstrafe zu leisten.

Elftes Kapitel

Das Blutgeld für Verletzungen, die eine Veränderung der Farbe der Haut oder eine Entzündung verursachen

Art. 484 - Das Blutgeld für einen Schlag, durch den die Haut die Farbe wechselt, wird folgendermaßen festgesetzt:

a) bei Schwarzwerden des Gesichts ohne Verletzung oder Bruch: 6 Dinar;

b) bei Blauwerden des Gesichts: 3 Dinar;

c) bei Rotwerden des Gesichts: 1,5 Dinar;

d) bei den übrigen Körperteilen im Falle des Schwarzwerdens: 3 Dinar, im Falle des Blauwerdens: ein Dinar und im Falle des Rotwerdens: dreiviertel Dinar.

Erläuterung 1: In der obigen Vorschrift wird nicht zwischen Männern und Frauen, Kindern und Erwachsenen unterschieden, ebensowenig, ob sich die Farbe des ganzen Gesichts oder eines Teils verändert oder ob die Folgen der Verletzung einige Zeit bleiben oder ganz verschwinden.

Erläuterung 2: Für eine Verletzung, die eine Änderung der Farbe der Kopfhaut bewirkt, wird eine Geldstrafe bestimmt.

Art. 485 - Eine Verletzung, die eine Entzündung verursacht, zieht eine Geldstrafe nach sich. Verursacht sie sowohl eine Entzündung als auch eine Verfärbung, wird die Geldstrafe zu dem vorher festgelegten Blutgeld hinzugerechnet.

Art. 486 - Das Blutgeld für die Lähmung eines Gliedes, für das ein Blutgeld bestimmt ist, beträgt zwei Drittel des vollen Blutgeldes; das Blutgeld für das Abschneiden eines gelähmten Gliedes beträgt ein Drittel des Blutgeldes desselben.

Zwölftes Kapitel

Das Blutgeld für einen Schwangerschaftsabbruch

Art. 487 - Das Blutgeld für einen Schwangerschaftsabbruch wird wie folgt festgesetzt:

1. hat sich das Sperma in der Gebärmutter eingenistet, beträgt das Blutgeld 20 Dinar;

2. hat der Embryo einen Blutklumpen gebildet, beträgt das Blutgeld 40 Dinar;

3. hat der Embryo Fleisch gebildet, beträgt das Blutgeld 60 Dinar;

4. das Blutgeld für den Fötus in einem Stadium, in dem er Knochen gebildet hat, aber das Fleisch noch nicht damit zusammen gewachsen ist, beträgt 80 Dinar;

5. das Blutgeld für einen Fötus, bei dem sich Fleisch und Knochen vollständig verbunden haben, aber der Geist noch fehlt, beträgt 100 Dinar;

Erläuterung: In den obigen Fällen wird nicht zwischen Mädchen und Jungen unterschieden;

6. das Blutgeld für einen beseelten Fötus ist das volle Blutgeld, wenn es ein Junge ist, und ein halbes Blutgeld, wenn es ein Mädchen ist, und drei Viertel des Blutgeldes, wenn es ein Zwitter ist.

Art. 488 - Wird die Mutter getötet und stirbt deshalb der Fötus oder wird er abgetrieben, wird das Blutgeld für den Fötus im jeweiligen Stadium zu dem Blutgeld für die Mutter hinzugerechnet.

Art. 489 - Bricht eine Frau ihre Schwangerschaft ab, muß sie das Blutgeld für den Fötus im jeweiligen Stadium bezahlen, erhält aber selbst nichts davon.

Art. 490 - Befinden sich in einer Gebärmutter mehrere Föten, wird für einen jeden von ihnen das Blutgeld gesondert berechnet.

Art. 491 - Das Blutgeld für die Glieder eines Fötus wegen Verletzungen, die ihm zugefügt werden, steht im Verhältnis zum Blutgeld für den Fötus.

Art. 492 - Das Blutgeld für einen Fötus bei Handlungen mit Vorsatz und Quasi-Vorsatz geht zu Lasten des Täters, bei reiner Fahrlässigkeit zu Lasten seiner ᶜāqila, unabhängig davon, ob der Fötus beseelt war oder nicht.

Art. 493 - Wird infolge einer Verletzung aus dem Körper einer Frau etwas ausgestoßen, von dem durch ein fachärztliches Gutachten nicht festgestellt werden kann, ob es etwas ist, aus dem hätte ein Mensch entstehen können, ist weder Blutgeld noch eine Geldstrafe zu leisten. Entsteht aber dadurch für die Mutter ein Schaden, wird der Täter je nach Fall zur Zahlung des Blutgeldes oder einer Geldstrafe verurteilt.

Dreizehntes Kapitel

Das Blutgeld für Verletzungen, die Toten zugefügt werden

Art. 494 - Das Blutgeld wegen einer Verletzung, die einem toten Muslim zugefügt wird, bestimmt sich folgendermaßen:

a) für das Abschneiden des Kopfes: 100 Dinar;

b) für das Abschneiden beider Hände oder Füße: 100 Dinar, für das Abschneiden einer Hand oder eines Fußes 50 Dinar, für das Abschneiden eines Fingers oder einer Zehe: 10 Dinar.

Das Abschneiden oder Verstümmeln anderer Glieder oder Organe werden im entsprechenden Verhältnis bewertet.

Erläuterung: Das in diesem Artikel genannte Blutgeld gelangt nicht als Erbe an die Erben. Es wird vielmehr als Eigentum des Toten angesehen und zur Zahlung seiner Schulden sowie für wohltätige Zwecke verwendet.

Art. 495 - In allen Fällen, in denen aufgrund dieses Gesetzes eine Geldstrafe vorgesehen ist, wird diese unter Berücksichtigung des vollen Blutgeldes für einen Menschen sowie der Art und Umstände der Verletzung und des Ausmaßes des nach Auffassung der Sachverständigen verursachten Schadens bestimmt.

Art. 496 - In den Fällen dieses Gesetzes, in denen das Blutgeld in Dinar oder Kamelen festgelegt ist, geht es nicht um solche. Gemeint ist vielmehr ein bestimmtes Verhältnis zum vollen Blutgeld, wobei der Täter in der Auswahl der Zahlungsart frei ist.

Art. 497 - Alle Gesetze, die mit diesem Gesetz nicht vereinbar sind, sind aufgehoben.

Gesetz über die islamischen Strafen (taᶜzīrāt) vom 18. Mordād 1362/9. August 1983[1]

[Vierter Teil][2]

Die taᶜzīr-Strafen[3]

Art. 1 - Wer mit einem fremden Staat ein Komplott schmiedet, um Feindseligkeiten oder einen Krieg gegen die Islamische Republik Iran herbeizuführen, oder wer sich an Umtrieben beteiligt, die in der Regel zum Krieg mit der Islamischen Republik Iran führen, wird als Kämpfer gegen Gott angesehen. Sind die Umtriebe von einer Art, die in der Regel nicht zum Krieg, jedoch zu einem schweren Nachteil für die Islamische Republik führt, wird der Täter zu einer taᶜzīr-Strafe von einem Jahr bis zu zehn Jahren Gefängnis verurteilt.

Art. 2 - Wer dem Landesfeind Mittel zum Eindringen in das Gebiet des Iran oder in dessen Besitzungen beschafft, mit ihm zusammenarbeitet, Städte, Festungen, befestigte Plätze, Kasernen, militärische Stellungen, Häfen, Lagerhäuser, Arsenale, Schiffe, Flugzeuge und dergleichen, die dem Staat gehören, in die Verfügungsgewalt des Feindes gibt oder ihm überläßt oder ihn mit Truppen, Geld oder Sachmitteln unterstützt, oder Munition, Waffen oder sonstige Mittel, die dem Feind zum Sieg verhelfen, wie Land-, See- oder Luftfahrzeuge zur Verwendung innerhalb des Staatsgebiets bereitstellt oder sonstwie List oder Täuschung anwendet, um dem Feind zu helfen, wird als Kämpfer gegen Gott angesehen.

---

1 Veröffentlicht im Amtsblatt Nr. 11278 vom 23.8.1362/14.11.1983.

2 Diese Angabe ist darauf zurückzuführen, daß das Gesetz ursprünglich das vierte islamische Strafgesetz nach den ersten drei Strafgesetzen von 1982 war. Bei der Zusammenfassung dieser Gesetze in ein einziges im Jahr 1991 unterblieb die Streichung.

3 Ein hier nach der übrigen Systematik zu erwartender Untertitel "Straftaten gegen die äußere Sicherheit des Landes" fehlt.

Art. 3 - Wer mit dem Angehörigen eines Staates, der der Islamischen Republik Iran feindlich gegenübersteht, briefliche oder sonstige Verbindungen unterhält, und dies zwar keine der in Artikel 2 genannten Straftaten darstellt, der Täter jedoch weiß, daß sie Informationen und Hinweise für den Feind enthalten, die die militärischen und politischen Angelegenheiten der Islamischen Republik beeinträchtigen, wird zu Gefängnisstrafe von einem Jahr bis zu fünf Jahren verurteilt.

Art. 4 - Der Angestellte oder Beamte der Verwaltung oder der Regierung und jede andere Person, die aufgrund ihrer Amtsstellung oder aus einem anderen öffentlich-rechtlichen Grund von Geheimnissen aus geheimen Regierungsprotokollen und -korrespondenzen oder von Regierungsbeschlüssen in militärischen Angelegenheiten wie z.B. der Bewegung von Regierungstruppen Kenntnis erhält, und diese ohne Erlaubnis der Regierung vorsätzlich den Amtsträgern eines feindlichen Staates unmittelbar oder mittelbar zukommen läßt, gilt als Kämpfer gegen Gott. Läßt er solche Geheimnisse einem nicht feindlichen Staat zukommen, wird er zu Gefängnisstrafe von drei bis zu zehn Jahren verurteilt.

Art. 5 - Wer aufgrund seiner Amtspflichten mit der Verwahrung von Plänen wie z.B. Zeichnungen und Skizzen von befestigten Plätzen, Waffenlagern, Munitionslagern, Häfen, dem Staat gehörenden Landungsplätzen, Basen oder Kasernen oder von Plänen über militärische Bewegungen betraut ist, und sie ganz oder teilweise, unmittelbar oder mittelbar einem feindlichen Staat zukommen läßt, gilt als Kämpfer gegen Gott. Läßt er sie einem nicht feindlichen Staat zukommen, wird er zu Gefängnisstrafe von zwei bis zu sechs Jahren verurteilt.

Art. 6 - Wer im Kriegsfall in der Absicht, dem Feind zu helfen, Spione oder Soldaten eines feindlichen Staates, die zum Ausspähen ausgeschickt sind, erkennt und sie verbirgt oder verbergen läßt, gilt als Kämpfer gegen Gott. Erkennt er den Spion eines ausländischen Staates und verbirgt ihn oder läßt ihn verbergen, und handelt der Täter nicht im Kriegsfall oder nicht in der Absicht, den Feind zu unterstützen, wird er zu Gefängnisstrafe von sechs Monaten bis zu drei Jahren verurteilt.

Art. 7 - Wer Pläne oder Geheimnisse, die sich auf die Innen- oder Außenpolitik des Landes beziehen, in irgendeiner Weise an eine Person weitergibt, die zu ihrer Kenntnisnahme nicht befugt ist, oder diese in irgendeiner Weise von derartigen Plänen oder Geheimnissen unterrichtet, oder sonstwie eine Tat begeht, die teilweise eine Spionagehandlung darstellt, wird je nach Art der Tat zu Gefängnisstrafe von einem Jahr bis zu zehn Jahren verurteilt.

Art. 8 - Die im vorhergehenden Artikel bestimmten Strafen gelten auch für Personen, die auf iranischem Boden Spionagehandlungen zugunsten eines fremden Staates und zum Nachteil eines anderen fremden Staates begehen.

Art. 9 - Wer in der Absicht, Pläne zu stehlen oder sich sonstwie zu verschaffen oder von politischen oder militärischen Geheimnissen Kenntnis zu erlangen, offen oder heimlich in entsprechende Örtlichkeiten eindringt, oder wer ohne Erlaubnis der militärischen Amtsträger Pläne oder Photographien von militärischen Anlagen anfertigt und dabei betroffen wird, wird zu Gefängnisstrafe von sechs Monaten bis zu sechs Jahren verurteilt.

Straftaten gegen die innere Sicherheit des Landes

Art. 10 - Wer in der Absicht, die innere Sicherheit zu zerstören, die Bevölkerung untereinander zum Krieg oder zu einem Blutbad aufhetzt und dadurch, sei es nur in einigen Bezirken, Menschen zu Tode kommen, oder wer zu Raub oder Plünderung aufstachelt, gilt als Kämpfer gegen Gott.

Art. 11 - Wird festgestellt, daß eine Gruppe, um die Sicherheit des Landes zu zerstören, aber ohne Umsturzabsichten, heimlich Verbindungen oder Organisationen geschaffen und diesbezügliche Beschlüsse gefaßt hat, wird sie zu Gefängnisstrafe von einem Jahr bis zu zehn Jahren verurteilt.

Art. 12 - Wer vorsätzlich mit böser und verräterischer Absicht Munitions- und Waffenlager, Schiffe, Flugzeuge und dergleichen oder wichtige militärische Punkte oder Zentren, Regierungsgebäude sowie Gebäude, in denen staatliche Dokumente und Register verwahrt werden, in Brand setzt oder zerstört, gilt, wenn er in der Absicht gehandelt hat, die Regierung zu stürzen und Verderben auf Erden zu stiften, als Kämpfer gegen Gott, in den übrigen Fällen wird er zu Gefängnisstrafe von drei bis zu fünfzehn Jahren verurteilt. Wer irgendein anderes staatliches Eigentum außer dem obengenannten in Brand setzt oder zerstört, wird zu Gefängnisstrafe von drei bis zu zehn Jahren verurteilt.

Erläuterung: In allen Fällen wird der Täter außer zu den festgesetzten Strafen zur Zahlung des verursachten Schadens verurteilt.

Art. 13 - Wer einer Gruppe von Verderbenstiftern auf Erden angehört, in dieser aber weder eine Leitungs- noch eine andere Funktion innehat, wird nicht als Verderbenstifter auf Erden verurteilt, wenn er entweder gleichzeitig mit der Unterrichtung der zuständigen Behörden oder vorher aus dieser Gruppe austritt oder sich nach Unterrichtung der Obrigkeit außerhalb des Versammlungsorts der Verderbenstifter auf Erden ohne Widerstand stellt. Hat der Täter persönlich eine andere Straftat begangen, wird er nur wegen dieser verurteilt.

Angriff und Beleidigung von politischen Organen

Art. 14 - Wer in der Absicht des Verderbenstiftens und der Opposition gegenüber der Regierung auf das Leben des Islamischen Führers oder des Staatspräsidenten einen Anschlag verübt, aber aufgrund von Umständen, die außerhalb seines Willens liegen, keinen Erfolg hat, gilt als Kämpfer gegen Gott.

Art. 15 - Wer öffentlich das Oberhaupt eines fremden Staates oder einen seiner diplomatischen Vertreter in Iran verunglimpft, wird zu Gefängnisstrafe von drei Monaten bis zu zwei Jahren verurteilt, vorausgesetzt, daß das betreffende Land in den genannten Fällen in bezug auf Iran Gegenseitigkeit gewährleistet. Im Falle dieses Artikels hängt die Verfolgung von dem Ersuchen des ausländischen Staates oder seines diplomatischen Vertreters ab. Bei Auslieferung wird auch das Ersuchen auf Strafverfolgung ausgesetzt.

Straftaten gegen die öffentliche Ruhe

Münzfälschung

Art. 16 - Wer im In- oder Ausland die Nachbildung irgendeiner Gold- oder Silbermünze wie z.B. ein bahārāzādī,[4] Münzen der früheren iranischen Regierungen, Pfund, Dollar und dergleichen, die gehandelt werden, herstellt, wissentlich und willentlich einführt oder gefälschte Münzen in Verkehr bringt, wird zu Gefängnisstrafe von drei bis zu zehn Jahren verurteilt.

Art. 17 - Wer in der Absicht, gesetzwidrig Gebrauch davon zu machen, auf irgendeine Weise wie z.B. durch Abfeilen oder Abschneiden oder dergleichen den Gold- oder Silbergehalt von iranischen oder ausländischen Münzen verringert, oder wer sich wissentlich und willentlich daran beteiligt, derartige Münzen in Verkehr zu bringen oder sie in das Land einführt, wird zu Gefängnisstrafe von einem Jahr bis zu drei Jahren verurteilt. Vermögenswerte, die der Täter auf diese Weise erlangt hat, werden zugunsten des Staates eingezogen.

Art. 18 - Wer andere als Gold- oder Silbermünzen, die im In- oder Ausland in Umlauf sind, nachmacht, wissentlich oder willentlich sich daran beteiligt, sie in Verkehr zu bringen, oder sie einführt, wird zu Gefängnisstrafe von einem Jahr bis zu drei Jahren verurteilt. Vermögenswerte, die der Täter auf diese Weise erlangt hat, werden zugunsten des Staates eingezogen.

Art. 19 - Die Strafe derjenigen, die eine der in den Artikeln 16, 17 und 18 genannten Taten begangen haben, aber vor ihrer Entdeckung die Strafverfolgungsbeamten von der Straftat unterrichten, oder während der Strafverfolgung durch ihr Geständnis die Verfolgung der übrigen Täter erleichtern, oder die Strafverfolgungsbeamten in wirksamer Weise bei der Aufdeckung der Straftat unterstützen und Hinweise geben, wird auf Vorschlag des mit der Sache befaßten Staatsanwalts gemildert oder im Gnadenwege erlassen.

---

4 Bahārāzādī ist die Bezeichnung für eine Goldmünze, die nach der Islamischen Revolution geschaffen wurde und die als Wertanlage verkauft wird, aber nicht als Zahlungsmittel am täglichen Geldumlauf teilnimmt.

Urkundenfälschung

Art. 20 - Die Urkundenfälschung besteht im Abfassen von wahrheitswidrigen Schriftstücken, Dokumenten und dergleichen, in dem Anfertigen von falschen Siegeln, dem Nachmachen von Unterschriften von Amts- oder Privatpersonen sowie dem Radieren, Ausstreichen, Ändern, Hinzufügen, Weglassen, Unterstreichen oder Schwärzen, Vor- oder Zurückdatieren, dem betrügerischen Anheften eines Schriftstücks an ein anderes oder der Anwendung eines fremden Siegels ohne Erlaubnis des Besitzers und vergleichbaren Handlungen, wenn dabei die Absicht der Fälschung besteht.

Art. 21 - Wer durch eigenes Handeln oder mittelbar in den nachfolgenden Fällen eine Fälschung begeht, oder die gefälschten Gegenstände in dem Wissen um die Fälschung benutzt oder in das Land einführt, wird außer zum Ersatz des verursachten Schadens zu Gefängnisstrafe von einem Jahr bis zu zehn Jahren verurteilt. Die vorstehend genannten Gegenstände sind folgende:

1. Unterschriften, Siegel, Erlasse oder Handschreiben des Islamischen Führers;

2. Unterschriften, Siegel oder Handschreiben des Präsidenten der Republik;

3. schriftliche Anordnungen des Parlamentspräsidenten, des Premierministers[5] oder der Minister oder ihre Siegel und Unterschriften;

4. Siegel des Amtes des Präsidenten der Republik, des Parlamentspräsidentenamtes, des Premierministeramtes oder des Obersten Justizrates;[6]

5. Siegel oder Unterschriften von ParlamentsmitGliedesrn in ihrer amtlichen Eigenschaft;

6. Siegel oder Unterschriften von Beamten in leitender Stellung sowie staatlichen Angestellten oder Beamten in ihrer amtlichen Eigenschaft;

5 Dieses Amt wurde durch die Verfassungsänderung von 1989 abgeschafft, aus dem vorliegenden Gesetz jedoch nicht gestrichen.

6 Seit der Verfassungsänderung von 1989 ist an die Stelle des Obersten Justizrates das Oberhaupt der Justiz getreten, eine entsprechende Korrektur des vorliegenden Gesetzes wurde jedoch noch nicht vorgenommen.

7. Siegel und Zeichen einer staatlichen Verwaltungsbehörde oder einer gesetzlich vorgesehenen Institution;

8. Wertpapiere oder Zahlungsanweisungen, die von der Staatskasse ausgestellt sind;

9. Stempel und Kennzeichen, die für die Bestimmung des Gold- oder Silbergehalts verwendet werden;

10. Banknoten, die im Inland und, sofern Gegenseitigkeit gewährleistet ist, im Ausland in Umlauf sind, Bankpapiere wie von den Banken akzeptierte Tratten, von Banken ausgestellte Schecks oder andere Papiere, die Verpflichtungen für die Banken enthalten.

Art. 22 - Wer Siegel, Stempel oder Zeichen einer kollektiven Verwaltung, wie z.B. eines Magistrats, oder von in gesetzlicher Weise gegründeten Gesellschaften oder kaufmännischen Unternehmen fälscht oder mit Wissen um ihre Fälschung verwendet, wird außer zum Ersatz des verursachten Schadens zu Gefängnisstrafe von sechs Monaten bis zu drei Jahren verurteilt.

Art. 23 - Wer sich Siegel, Stempel oder Zeichen der im vorhergehenden Artikel genannten Verwaltungen, Gesellschaften oder kaufmännischen Unternehmen unrechtmäßig verschafft und in einer Weise, die deren Rechten und Interessen Schaden zufügt, benutzt oder benutzen läßt, wird außer zum Ersatz des verursachten Schadens zu Gefängnisstrafe von zwei Monaten bis zu zwei Jahren verurteilt.

Art. 24 - Der Täter der in den vorhergehenden Artikeln genannten Straftaten wird von der Strafe freigestellt, wenn er vor Beginn der Strafverfolgung die Behörden unterrichtet und die übrigen Täter, wenn es solche gibt, offenbart oder nach Beginn der Strafverfolgung ihre Festnahme ermöglicht.

Art. 25 - Jeder Staatsbeamte oder -angestellte, der in Ausübung seines Amtes in Urteilen, Erklärungen, Schriftstücken, Dokumenten, Karteien, Registern und anderen amtlichen Papieren Fälschungen vornimmt, indem er z.B. Unterschriften und Siegel anfertigt oder Unterschriften, Siegel oder geschriebene Texte ändert, ein Wort hinzufügt oder Namen von Personen ändert, wird neben der Verurteilung zu Disziplinarstrafe und zum Schadensersatz zu Gefängnisstrafe von einem Jahr bis zu fünf Jahren verurteilt.

Art. 26 - Wer ohne Staatsbeamter oder -angestellter zu sein eine der im vorhergehenden Artikel genannten Straftaten begeht, wird außer zum Ersatz des verursachten Schadens zu Gefängnisstrafe von sechs Monaten bis zu drei Jahren verurteilt.

Art. 27 - Begehen Beamte oder Angestellte von Behörden oder Gerichten bei der Abfassung von Schriftstücken und Dokumenten, die in ihre Zuständigkeit fallen, eine Fälschung, indem sie z.B. den Gegenstand oder den Inhalt ändern oder das entstellen, was von einer amtlichen Stelle gesagt oder geschrieben worden ist, die Erklärungen von Parteien ändern, etwas Nichtiges als gültig, etwas Gültiges als nichtig oder etwas, das nicht gestanden worden ist, als gestanden hinstellen, werden neben der Verurteilung zu Disziplinarstrafe und zum Schadensersatz zu Gefängnisstrafe von einem Jahr bis zu zehn Jahren verurteilt.

Art. 28 - Wer die in den Artikeln 25 und 27 genannten gefälschten Papiere mit Wissen um die Fälschung verwendet, wird außer zum Schadensersatz zu Gefängnisstrafe von sechs Monaten bis zu drei Jahren verurteilt.

Art. 29 - Wer auf eine der genannten Weisen in privaten Schriftstücken Fälschungen vornimmt oder solche mit Wissen um ihre Fälschung verwendet, wird außer zum Ersatz des verursachten Schadens zu höchstens vierundsiebzig Peitschenhieben verurteilt.

Art. 30 - Wer persönlich oder durch einen anderen zum Zwecke seiner eigenen Freistellung vom Dienst beim Staat oder der eines anderen oder zur Vorlage vor einem Gericht eine Bescheinigung auf den Namen eines Arztes oder Chirurgen fälscht, wird zu Gefängnisstrafe von sechs Monaten bis zu einem Jahr verurteilt.

Art. 31 - Der Arzt oder der Chirurg, der einer Person zum Zwecke der Freistellung vom Dienst in einer öffentlichen Stelle, vom allgemeinen Militärdienst oder zur Vorlage bei Gericht eine Bescheinigung ausstellt, die den Tatsachen nicht entspricht, wird zu Gefängnisstrafe von sechs Monaten bis zu zwei Jahren verurteilt.

Art. 32 - Für die Ausstellung von anderen wahrheitswidrigen Bescheinigungen, die eine dritte Person oder die Staatskasse schädigen, wird neben der Verurteilung zum Schadensersatz eine Strafe von höchstens vierundsiebzig Peitschenhiebe verhängt.

Zerbrechen oder Beschädigen von Siegeln und Diebstahl von Schriftstücken aus amtlichen Stellen

Art. 33 - Wer, nachdem ein Ort oder eine Sache auf Anordnung der zuständigen amtlichen Stelle versiegelt worden ist, vorsätzlich das Siegel erbricht oder beschädigt, wird zu Gefängnisstrafe von drei Monaten bis zu zwei Jahren verurteilt. Ist der Verwahrer selbst der Täter, so wird er zu Gefängnisstrafe von einem Jahr bis zu zwei Jahren verurteilt. Wurde die Tatbegehung durch Fahrlässigkeit des Verwahrers ermöglicht, wird dieser zu höchstens vierundsiebzig Peitschenhieben verurteilt.

Art. 34 - Sind einige oder alle Schriftstücke, Dokumente, Papiere, Register oder Gegenstände, die in staatlichen Registern eingetragen und verbucht sind oder in amtlichen Stellen aufbewahrt werden oder die Personen anvertraut sind, die von Amts wegen mit ihrer Aufbewahrung beauftragt sind, weggenommen, zerstört oder vernichtet worden, wird der Registerführer oder der Amtsvorsteher, bei denen die Eintragungen und Verbuchungen der genannten Dokumente vorgenommen wurden, sowie die übrigen Personen, durch deren Fahrlässigkeit die Tat ermöglicht wurde, zu Gefängnisstrafe von sechs Monaten bis zu zwei Jahren verurteilt.

Art. 35 - Die Täter der im vorhergehenden Artikel beschriebenen Straftaten werden zu Gefängnisstrafe von drei bis zu sechs Jahren verurteilt. Begeht der Verwahrer selbst eine dieser Straftaten, wird er zu Gefängnisstrafe von drei bis zu fünfzehn Jahren verurteilt.

Art. 36 - Der Täter, der ein Siegel mit Gewalt beschädigt oder erbricht oder der die Schriftstücke und Dokumente wegnimmt oder vernichtet, wird je nach Lage des Falls zu den höchsten Strafen verurteilt, die in den vorhergehenden Artikeln bestimmt sind. Diese Strafen schließen die Bestrafung wegen der Taten nicht aus, die durch die Gewaltanwendung begangen worden sind.

Entweichen von Personen, die sich kraft Gesetzes in Haft befinden, und Verbergen von Strafgefangenen

Art. 37 - Ein Gefangener, der aus der Strafanstalt entweicht, wird zu vierundsiebzig Peitschenhieben verurteilt. Wurde zur Flucht ein Tor der Strafanstalt erbrochen oder das Gebäude zerstört oder Gewalt angewendet, so wird gegen ihn das Doppelte der genannten Strafe verhängt.

Art. 38 - Ist eine Person wegen des Verdachts der Begehung einer Straftat aufgrund der Anordnung einer Behörde, die nach dem Gesetz zu Verhaftungen befugt ist, oder aufgrund der Entscheidung eines Gerichts verhaftet oder zu einer Gefängnisstrafe oder zu einer anderen Strafe verurteilt worden und entweicht sie aufgrund der Nachlässigkeit des Beamten, dem die Aufgabe der Bewachung, Begleitung oder Kontrolle oblag, wird dieser, wenn der Flüchtige wegen einer Straftat verdächtigt wird oder verurteilt wurde, die in die Zuständigkeit des Strafgerichts I[7] fällt, zu Gefängnisstrafe von sechs Monaten bis zu zwei Jahren, in den übrigen Fällen zu höchstens vierundsiebzig Peitschenhieben verurteilt.

Art. 39 - Wer mit der Bewachung, Begleitung oder Kontrolle eines Strafgefangenen oder eines Untersuchungsgefangenen betraut ist und diesem bei der Flucht Hilfe leistet oder einen Weg zur Flucht ausfindig macht oder

---

7 Die ordentlichen Strafgerichte 1. Instanz sind in Strafgerichte I für die schweren und Strafgerichte II für die leichteren Fälle unterteilt. Die Strafgerichte I sind für die Verhängung von ḥadd- und qiṣāṣ-Strafen, Gefängnisstrafen von mindestens zehn Jahren und Geldstrafen von mindestens 200.000 Tuman zuständig (Art. 7 des Gesetzes über die Bildung der Strafgerichte I und II und der Senate des Obersten Gerichtshofs vom 31.3.1368/21.6.1989).

mit ihm wegen der Flucht in geheimem Einverständnis steht, wird folgendermaßen bestraft:

Ist der Strafgefangene oder Untersuchungsgefangene einer Straftat verdächtigt, für die Todesstrafe, Steinigung oder Kreuzigung angedroht ist, oder wurde er zu einer dieser Strafen verurteilt, wird der mit der Bewachung, Kontrolle oder Begleitung Betraute zu Gefängnisstrafe von drei bis zu zehn Jahren verurteilt. War der Gefangene zu mindestens zehn Jahren verurteilt oder einer Tat verdächtigt, für die mindestens zehn Jahre Gefängnisstrafe angedroht ist, wird er zu Gefängnisstrafe von einem Jahr bis zu fünf Jahren und in den übrigen Fällen von sechs Monaten bis zu drei Jahren verurteilt.

Art. 40 - Der Staatsbeamte oder -angestellte, der nach dem Gesetz eine Person festzunehmen hat und bei den dafür erforderlichen Handlungen Nachlässigkeit zeigt, wird zu höchstens vierundsiebzig Peitschenhieben verurteilt. Hatte die Nachlässigkeit den Zweck, das Entweichen zu erleichtern, wird er zu Gefängnisstrafe von sechs Monaten bis zu zwei Jahren verurteilt.

Art. 41 - Wer aus der Bevölkerung vorsätzlich das Entweichen von Personen herbeiführt, die sich aufgrund eines Gesetzes in Strafhaft oder Untersuchungshaft befinden, wird folgendermaßen bestraft:

Wurde der Gefangene zum Tode, zu lebenslanger Gefängnisstrafe, Steinigung oder Kreuzigung verurteilt, ist die Strafe Gefängnis von einem Jahr bis zu drei Jahren. Ist der Untersuchungsgefangene eines Verbrechens verdächtigt, für das Todesstrafe, Steinigung oder Kreuzigung angedroht ist, beträgt die Strafe Gefängnis von sechs Monaten bis zu zwei Jahren. In den übrigen Fällen ist die Strafe Gefängnis von drei Monaten bis zu einem Jahr.

Art. 42 - Wer eine Person, die aufgrund eines Gesetzes verhaftet war und geflohen ist, oder die der Begehung einer Straftat verdächtigt ist und gegen die ein rechtmäßiger Haftbefehl ergangen ist, verbirgt oder ihr Mittel zur Flucht beschafft, wird folgendermaßen bestraft:

Wurde der Geflohene zum Tode, zur Steinigung oder Kreuzigung verurteilt, ist die Strafe des ihn Verbergenden oder des Fluchthelfers Gefängnis von einem Jahr bis zu drei Jahren. Wurde er zu lebenslanger Gefängnisstrafe verurteilt oder ist er einer Tat verdächtig, auf die Todesstrafe, Steinigung oder Kreuzigung angedroht ist, wird der Täter zu Gefängnisstrafe von sechs Monaten bis zu zwei Jahren verurteilt. In den übrigen Fällen ist die Strafe Gefängnis von einem Monat bis zu einem Jahr.

Art. 43 - Wer von der Begehung einer Straftat erfährt und dem Täter hilft, sich dem Strafverfahren und der Verurteilung zu entziehen, ihm Unterkunft beschafft, Spuren der Tat verdeckt oder falsche Beweisstücke für einen Freispruch herstellt, deren Unrichtigkeit er kennt, wird zu einer Strafe von höchstens vierundsiebzig Peitschenhieben verurteilt.

Ist die Tat mit Todesstrafe oder lebenslanger Gefängnisstrafe bedroht, wird der Helfer zu Gefängnisstrafe von sechs Monaten bis zu einem Jahr verurteilt. In den übrigen Fällen wird der Helfer zu Gefängnisstrafe von einem Monat bis zu sechs Monaten verurteilt.

Anmaßung von Titeln und Ämtern

Art. 44 - Wer sich ohne Amtsträger zu sein oder ohne behördliche Erlaubnis in staatliche Tätigkeiten einmischt, mit denen er von Gesetzes wegen nicht befaßt ist, gleichgültig, ob es sich um zivile, militärische oder polizeiliche Tätigkeiten handelt, wird zu Gefängnisstrafe von drei Monaten bis zu drei Jahren verurteilt. Hat der Täter eine Urkundenfälschung begangen, um an diese Tätigkeiten zu gelangen, so wird er auch dafür verurteilt.

Art. 45 - Wer unbefugt in der Öffentlichkeit die Uniform eines Amtsträgers des Militärs oder der Polizei unverändert oder mit teilweisen Veränderungen, die zu einem Irrtum führen können, trägt, wird, wenn die Tat nicht aufgrund eines anderen Gesetzes mit schwererer Strafe bedroht ist, zu höchstens vierundsiebzig Peitschenhieben verurteilt.

Erläuterung: Das Tragen einer der in diesem Artikel genannten Uniformen bei Aufführungen der darstellenden Künste fällt nicht unter die Bestimmungen dieses Artikels.

Zerstörung von Staatseigentum

Art. 46 - Wer ohne Erlaubnis der zuständigen Stelle religiöse, historische oder nationale Gebäude, Urkunden, Darstellungen oder Denkmäler sowie Gegenstände zerstört, die zum öffentlichen Nutzen oder zur Ausschmükkung heiliger oder nationaler Stätten dienen, wird zu Gefängnisstrafe von einem Jahr bis zu zehn Jahren und zur Zahlung des verursachten Schadens verurteilt.

Art. 47 - 1. Wer in der Absicht, einen Schaden zu verursachen oder einen Vorteil zu erlangen, Gebäude, Dekorationen, Zubehör oder Gegenstände, die zu den historischen Stätten gehören, die im Gesetz über den Schutz von Altertümern von 1309 (= 1930/31) aufgeführt und als nationale Monumente registriert sind, ganz oder teilweise zerstört, wird außer zur Zahlung des verursachten Schadens zu Gefängnisstrafe von einem Jahr bis zu zehn Jahren verurteilt.

2. Wer Gegenstände und Zubehör sowie Materialien oder Teile von nationalen oder historischen Monumenten aus Museen oder Ausstellungen, historischen oder religiösen Stätten oder anderen Stätten, die unter dem Schutz und der Aufsicht des Staates stehen, stiehlt oder kauft, obwohl er weiß, daß sie gestohlen sind, oder sie verbirgt, wird, wenn die Tat nicht unter die ḥadd-Strafen für Diebstahl fällt, zu Gefängnisstrafe von einem Jahr bis zu fünf Jahren verurteilt.

3. Wer ohne Erlaubnis der zuständigen Beamten in der Nähe von religiösen und nationalen Monumenten und Gebäuden bis zu einem Umkreis, den die zuständigen Stellen festsetzen und bekanntmachen, in Schädigungsabsicht Handlungen vornimmt, die eine Erschütterung der Fundamente bewirken oder zu der Zerstörung oder Beschädigung führen, wird außer zur Zahlung des verursachten Schadens zu Gefängnisstrafe von einem Jahr bis zu drei Jahren verurteilt.

4. Wer die im Gesetz zum Schutz nationaler Altertümer genannten antiken Gegenstände ohne Beachtung der in diesem Gesetz enthaltenen Vorschriften aus dem Lande ausführt, wird zu Gefängnisstrafe von sechs Monaten bis zu zwei Jahren verurteilt. Der Versuch der in diesem Absatz genann-

ten Tat wird wie deren Vollendung angesehen, jedoch wird die Sache selbst nicht beschlagnahmt.

5. Wer in der Absicht, in den Besitz von antiken Gegenständen zu gelangen, ohne Beachtung der Bestimmungen des Gesetzes zum Schutz nationaler Altertümer auf Ländereien, Hügeln,[8] religiösen oder historischen Stätten Grabungen vornimmt, wird zu Gefängnisstrafe von sechs Monaten bis zu drei Jahren verurteilt.

6. Wer sich in der Absicht, einen Vorteil zu erlangen, unbefugt auf Ländereien, Hügeln oder religiösen oder historischen Stätten, die zu nationalen Monumenten erklärt sind und nicht im Privateigentum stehen, sonstwie zu schaffen macht, wird zu Gefängnisstrafe von sechs Monaten bis zu zwei Jahren verurteilt, vorausgesetzt, daß die zuständigen Beamten die Grenzen und besonderen Eigenschaften derartiger Stätten und Zonen festgelegt und an Ort und Stelle gekennzeichnet haben.

7. Wer ohne Beachtung der Bestimmungen des Gesetzes zum Schutz der nationalen Altertümer antike Gegenstände, die im Verzeichnis der nationalen Altertümer aufgeführt sind, in Kenntnis dieser Registrierung in den Verkauf gelangen läßt, wird zu Gefängnisstrafe von drei Monaten bis zu einem Jahr verurteilt.

8. Wer durch Übertünchen, Bemalen, Zeichnen von Bildern oder Linien, Einritzungen oder dergleichen Altertümer, die im Verzeichnis der nationalen oder religiösen Kostbarkeiten registriert sind und deren islamischer, wissenschaftlicher oder kultureller Wert erwiesen ist, verbirgt, in Form und Aussehen verändert oder sie ganz oder teilweise beschädigt, wird zu Gefängnisstrafe von sechs Monaten bis zu zwei Jahren verurteilt. Gehört die Sache nicht dem Täter, hat er auch Schadensersatz zu leisten.

9. Wer unter Verletzung der Bestimmungen des Gesetzes über den Schutz der nationalen Altertümer Ausbesserungen, Reparaturen, Veränderungen oder Renovierungen an Gebäuden, Zubehör von Gebäuden oder Monumenten, die im Verzeichnis der nationalen Altertümer aufgeführt sind, vornimmt, wird zur Leistung des Schadensersatzes verurteilt.

---

8 Dem Sinne nach "bebautes und unbebautes Land".

Erläuterung 1: Bei allen in diesem und im vorhergehenden Artikel genannten Straftaten wird das Ministerium der islamischen Rechtleitung je nach Fall als Kläger oder Adhäsionskläger angesehen.

Erläuterung 2: Werden die in diesem oder dem vorhergehenden Artikel genannten Straftaten von juristischen Personen begangen, so werden die Direktoren und leitenden Mitarbeiter entsprechend der Lage des Falles zu den vorgesehenen Strafen verurteilt.

Verfehlungen von Ministern und Beamten

Überschreitung der Grenzen des eigenen Amtsbereichs durch Beamte und Verfehlungen bei Erfüllung ihrer Pflichten

Art. 48 - Der Minister, das Organ der staatlichen Verwaltung oder der Beamte, der gesetzwidrig einem Staatsbürger die Freiheit entzieht oder ihn der Rechte beraubt, die ihm die Verfassung der Islamischen Republik gewährt, wird aus seinem Amt entfernt und für die Dauer von drei bis zu fünf Jahren von einer Beschäftigung beim Staat ausgeschlossen.

Art. 49 - Werden aufgrund der gefälschten Unterschrift eines Ministers oder eines Beamten Maßnahmen durchgeführt, die gegen die Verfassung der Islamischen Republik Iran verstoßen, wird der Täter und jede Person, die sie wissentlich verwendet hat, zu Gefängnisstrafe von drei bis zu zehn Jahren verurteilt.

Art. 50 - Wird jemand gesetzwidrig in Haft gehalten und erhebt deswegen bei den Beamten der Justiz oder der Polizei Beschwerde, hören diese seine Beschwerde nicht an und stellen nicht sicher, daß sie den zuständigen Stellen bekannt wird und daß die erforderlichen Maßnahmen ergriffen werden, werden sie zu dauernder Entfernung aus dem Amt und zum Ausschluß von einer Beschäftigung beim Staat für die Dauer von drei bis zu fünf Jahren verurteilt.

Art. 51 - Die Leiter und die übrigen Beamten einer Haft- oder einer Besserungsanstalt, die ohne Vorlage von Haftdokumenten von seiten der zuständigen Stellen und Behörden eine Person als Gefangenen aufnehmen, werden zu Gefängnisstrafe von zwei Monaten bis zu zwei Jahren verurteilt.

Art. 52 - Die Leiter und die übrigen Beamten einer Haft- oder einer Besserungsanstalt, die es unterlassen, einen Gefangenen dem Gerichtsvorsitzenden, dem Staatsanwalt oder dem Untersuchungsrichter vorzuführen oder zu übergeben oder ihre Register den genannten Personen vorzulegen, oder die verhindern, daß Beschwerden von Gefangenen an die zuständigen Behörden gelangen, unterliegen der Bestimmung des vorhergehenden Artikels, sofern sie nicht nachweisen, daß sie aufgrund eines amtlichen schriftlichen Befehls ihres unmittelbaren Vorgesetzten dazu angehalten waren. In diesem Fall werden die genannten Strafen gegen denjenigen verhängt, der den Befehl erteilt hat.

Art. 53 - Die Staatsanwälte, Hilfsstaatsanwälte, Untersuchungsrichter, Richter des Prozeßgerichts oder anderen zuständigen Beamten, die in anderen als in den vom Gesetz bestimmten Fällen den Befehl zur Festnahme einer Person geben oder in anderen als den vom Gesetz bestimmten Fällen eine strafrechtliche Verfolgung einleiten oder in einer Entscheidung eine Strafbarkeit feststellen, werden zu dauernder Entfernung aus dem Amt und dem Ausschluß von einer Beschäftigung beim Staat für die Dauer von fünf Jahren verurteilt.

Art. 54 - Wer bei öffentlichen Wahlen des Landes wie z.B. den Parlamentswahlen, der Wahl des Staatspräsidenten, der Räte Stimmen kauft oder verkauft, Wahlunterlagen fälscht oder verfälscht, Drohungen oder Bestechungshandlungen vornimmt, einen gefälschten Personalausweis in Kenntnis der Fälschung oder einen Personalausweis benutzt, der einer anderen als der in den Wahlunterlagen eingetragenen Person gehört, und so eine Stimme abgibt oder mehr als einmal abstimmt oder bei den Wahlen Verwirrung stiftet, wird zu Gefängnisstrafe von einem Monat bis zu drei Monaten verurteilt.

Art. 55 - Wer bei der Durchführung von Wahlen eine Funktion inne hat und in den Wahlunterlagen oder bei der Abstimmung eine Fälschung begeht, die Stimmen oder Eintragungen in den Wählerlisten vermindert oder vermehrt oder eine Namensänderung auf einem Stimmzettel vornimmt, wird zu Gefängnisstrafe von drei Monaten bis zu einem Jahr und mit dem Entzug der Wählbarkeit für die Dauer von drei Jahren verurteilt. Sonstige Personen, die diese Straftaten begehen, werden zu Gefängnisstrafe von einem Monat bis zu sechs Monaten verurteilt.

Art. 56 - Der Staatsbeamte oder -angestellte, gleich welchen Ranges oder welcher Stellung, der in gesetzwidriger Weise seine amtliche Macht einsetzt, um die Durchführung von schriftlichen Anordnungen der Regierung, den Vollzug von Gesetzen des Landes, die Vollstreckung von Urteilen oder den Vollzug von Anordnungen der Gerichte oder Staatsanwaltschaften oder anderen gesetzmäßigen Organen zu verhindern, wird aus dem Staatsdienst entfernt.

Art. 57 - Die Staatsbeamten und -angestellten, die nicht der Justiz angehören, wie z.B. Gouverneure, Vizegouverneure, Polizeibeamte und andere, die sich abgesehen von Schiedsgerichtsverfahren in Angelegenheiten einmischen, die in die Zuständigkeit der Gerichte gehören, und die trotz des Protestes der streitenden Parteien oder einer von ihnen oder des Protestes der zuständigen Stellen wie z.B. des Staatsanwalts oder des Gerichtsvorsitzenden, ihre Einmischung nicht beenden, werden aus dem Staatsdienst entfernt und zu Gefängnisstrafe von zwei Monaten bis zu drei Jahren verurteilt.

Art. 58 - Mißhandelt ein Angehöriger der Justiz oder ein sonstiger Staatsbeamter oder -angestellter einen Verdächtigen, um ihn zu einem Geständnis zu zwingen, oder erteilt er dazu einen Befehl, wird er zu Gefängnisstrafe von sechs Monaten bis zu drei Jahren verurteilt. Stirbt der Verdächtige infolge der Mißhandlungen, so wird der Täter wegen Tötung bestraft; das gleiche gilt für denjenigen, der den Befehl gegeben hat.

Art. 59 - Der Staatsbeamte oder -angestellte, der einen Verurteilten strenger bestraft, als es das Urteil bestimmt, oder dies anordnet, oder der eine Strafe vollstreckt, die nicht im Urteil ausgesprochen ist, wird, gleichgültig, ob er die Tat selbst ausgeführt oder nur den Befehl dazu gegeben hat, je nach Lage des Falles zu Vergeltung oder zu einem Blutgeld verurteilt, wenn die

Tat Anlaß dazu gibt. In den übrigen Fällen wird er zu Gefängnisstrafe von sechs Monaten bis zu drei Jahren verurteilt. Erfüllt die Tat des betreffenden Bediensteten noch einen weiteren Straftatbestand, so wird auch die für diesen vorgesehene Strafe gegen ihn verhängt.

Erläuterung: Diese Vorschrift ist nicht auf denjenigen anzuwenden, der zur Tötung gezwungen worden ist.

Art. 60 - Der Angehörige der Justiz oder der sonstige Beamte oder Angestellte sowie jeder, der im öffentlichen Dienst steht, der in anderen als den vom Gesetz vorgesehenen Fällen oder ohne Beachtung der gesetzlichen Bestimmungen ohne Erlaubnis und Einwilligung des Besitzers in eine Wohnung eindringt, wird zu Gefängnisstrafe von einem Jahr Monat bis zu einem Jahr verurteilt. Begeht er noch eine andere Tat oder stiftet er dazu an, wird er auch dafür bestraft.

Art. 61 - Der Offizier, Staatsbeamte oder -angestellte, der im Zusammenhang mit seiner Amtsführung unter Anwendung von Zwang beweglichen Besitz einer Person kauft oder sich rechtswidrig aneignet oder den Eigentümer zum Verkauf an eine dritte Person zwingt, wird zu Gefängnisstrafe von drei Monaten bis zu einem Jahr oder zu höchstens vierundsiebzig Peitschenhieben verurteilt, die öffentlich vollstreckt werden. Ferner muß er das Erlangte zurückgeben oder, sofern das nicht möglich ist, dem Eigentümer eine gleichartige Sache oder den Wert erstatten.

Art. 62 - Der richterliche oder nichtrichterliche Beamte oder Angestellte, der bei oder im Zusammenhang mit seiner Amtsführung ohne gesetzliche Grundlage eine Person quält oder den Befehl dazu gibt, wird je nach Lage des Falles zu Vergeltung, Blutgeldzahlung oder zu höchstens vierundsiebzig Peitschenhieben verurteilt.

Art. 63 - Der Staatsbeamte oder -angestellte, der bei seiner Amtsführung einem anderen etwas wie z.B. Lebensmittel, Brennstoff oder Viehfutter wegnimmt, ohne einen angemessenen Preis zu zahlen, wird zu höchstens vierundsiebzig Peitschenhieben verurteilt. Darüber hinaus muß er die Wertdifferenz zahlen oder die Sache selbst dem Eigentümer zurückgeben.

Art. 64 - Der Staatsbeamte oder -angestellte, der Korrespondenzen, sonstige Mitteilungen oder Telefongespräche von Personen in anderen als in den Fällen, in denen es das Gesetz erlaubt, öffnet, anhält, vernichtet, kontrolliert, beschlagnahmt oder abhört oder ohne Erlaubnis des Berechtigten ihren Inhalt verbreitet, wird zur Entfernung aus dem Amt, zu höchstens vierundsiebzig Peitschenhieben oder Gefängnisstrafe von sechs Monaten bis zu drei Jahren verurteilt.

Art. 65[9] - Der Beamte und Angestellte des öffentlichen Dienstes, wie z.B. der Justiz oder der Verwaltung, die Räte, Magistrate und Angehörigen sonstiger Institutionen, die Geld, Gegenstände oder Urkunden über die Zahlung von Geld oder die Übergabe von Gegenständen annehmen, um eine Angelegenheit, die in die Zuständigkeit dieser Stellen fällt, zu erledigen oder nicht zu erledigen, werden als bestechlich angesehen. Dabei kommt es nicht darauf an, ob die Erledigung oder die Nichterledigung der Angelegenheit mit der Verwaltungstätigkeit des Bestechlichen in Zusammenhang steht oder ob sie mit der Verwaltungstätigkeit eines anderen Bediensteten zusammenhängt, ob die Annahme der Bestechung auf direktem oder indirektem Wege erfolgt, ob es sich um einen Beamten handelt, ob auf die Erledigung oder Nichterledigung der Angelegenheit, für die etwas angenommen wurde, tatsächlich Einfluß ausgeübt wurde und ob die Schritte unternommen wurden, die zur Erledigung oder Nichterledigung der Angelegenheit versprochen wurden. Außer zu der Rückzahlung des Empfangenen wird der Bestechliche zur dauernden Entfernung aus dem Amt und zu höchstens vierundsiebzig Peitschenhieben verurteilt.

Art. 66 - Der Schiedsrichter, Prüfer oder Sachverständige, der unabhängig davon, ob er vom Gericht oder von den Parteien benannt wurde, Geld oder Gegenstände annimmt und dafür seine Stellungnahme abgibt, um einer der Parteien zu helfen, wird außer zur Rückgabe des Empfangenen zu Gefängnisstrafe von sechs Monaten bis zu zwei Jahren verurteilt.

Art. 67 - Wer für die Erledigung oder das Unterlassen der Erledigung einer Angelegenheit, die zu den Pflichten der in den Artikeln 65 und 66 ge-

9 Vgl. Anhang 1 Art. 3, 4, 7.

nannten Personen gehört, Geld oder Gegenstände hingibt, wird als Bestecher angesehen und, falls er Staatsbeamter ist, erhält er die bei Bestechlichkeit vorgesehenen Strafen; wenn nicht, wird er zu Gefängnisstrafe von zwei Monaten bis zu einem Jahr verurteilt.

Art. 68 - Die Richter eines Gerichts, die aufgrund einer Bestechung ein Urteil mit schwereren als den im Gesetz vorgesehenen Strafen erlassen, werden außer zu den Strafen wegen Bestechung, der Rückgabe des Empfangenen und der Entfernung aus dem Amt je nach Fall zu derjenigen Strafe verurteilt, die sie zusätzlich verhängt haben.

Art. 69 - Erfolgt eine Bestechung nicht in Form von Geld, sondern werden Staatsbediensteten in Justiz oder Verwaltung Vermögenswerte direkt oder indirekt, unentgeltlich oder deutlich unter dem Verkehrswert oder der Form nach zum Verkehrswert, tatsächlich aber zu einem deutlich niedrigeren Preis überlassen, oder werden Vermögensstücke in der gleichen Absicht zu einem deutlich höheren als dem Verkehrswert oder der Form nach zum Verkehrswert, tatsächlich aber zu einem deutlich höheren Wert von Staatsbeamten oder -angestellten direkt oder indirekt erworben, so werden diese als bestechlich und die Geschäftspartner als Bestecher angesehen.

Art. 70 - Wer den in den Artikeln 65 und 66 dieses Gesetzes genannten Personen Geld oder Gegenstände hingibt, damit ein bestehendes Recht für ungültig erklärt oder ein nicht bestehendes Recht anerkannt wird, gilt als Bestecher und wird zu Gefängnisstrafe von sechs Monaten bis zu zwei Jahren verurteilt.

Erläuterung: Steht fest, daß der Bestechende zu der Hingabe des Geldes oder der Gegenstände gezwungen worden ist, um sein Recht zu erhalten, wird er strafrechtlich nicht verfolgt.

Art. 71 - Staatliche Organe oder Angestellte, Angehörige der Streitkräfte oder sonstige Personen, die ohne Anordnung der zuständigen Behörden in anderen als den Fällen, in denen das Gesetz es erlaubt, eine Person festnehmen, ins Gefängnis bringen oder mit Gewalt an einem geheimen Ort verbergen, werden zu Gefängnisstrafe von sechs Monaten bis zu drei Jahren und Entfernung aus dem Staatsdienst verurteilt. Wer wissentlich einen Ort zur Begehung der genannten Straftaten vorbereitet oder dem Täter dazu Hilfe leistet, wird zu einer Strafe von höchstens vierundsiebzig Peitschenhieben oder Gefängnisstrafe von drei Monaten bis zu einem Jahr und in jedem Fall zur Entfernung aus dem Staatsdienst für die Dauer von fünf Jahren verurteilt. Läßt der Täter die festgehaltene Person vor Beginn der Verfolgung frei, ist die Strafe, falls das Opfer nicht länger als fünf Tage festgehalten wurde, Gefängnisstrafe von zwei bis zu sechs Monaten. Gesetzliche Vertreter von Unmündigen, wie z.B. der Vater in bezug auf seine Kinder oder der Vormund in bezug auf einen Geisteskranken, sind von dieser Vorschrift ausgenommen, sofern ihre Maßnahmen nicht die Grenzen der Züchtigung überschreiten.

Art. 72 - Trägt der Täter der im vorhergehenden Artikel genannten Straftat einen falschen Namen oder Titel oder die Bezeichnung, das Abzeichen oder die Dienstkleidung von Staatsbeamten oder legt er den zuständigen Behörden ein gefälschtes Urteil vor, so wird er außer zu den Strafen des vorhergehenden Artikels auch zu den Strafen für Fälschung verurteilt. Hat er dem Verhafteten mit dem Tode gedroht, ihn gefoltert oder körperlich gequält, so wird er, wenn er Vergeltung, Blutgeld oder Geldstrafe verwirkt hat, zu diesen, und wenn nicht, zu höchstens vierundsiebzig Peitschenhieben verurteilt.

Unterlassene Erfüllung von gesetzlichen Pflichten

Art. 73 - Der Kommandant oder der Offizier der gesamten bewaffneten Streitkräfte des Landes oder eines Teils davon, der es trotz schriftlichen und gesetzmäßigen Ersuchens der Zivilbehörden unterläßt, seine Dienst- und Amtspflichten zu erfüllen, wird zu Gefängnisstrafe von einem Monat bis zu sechs Monaten verurteilt, und wenn dadurch ein Schaden entstanden ist, auch zu dessen Ersatz.

Art. 74 - Richter an Gerichten, Untersuchungsrichter oder Staatsanwälte oder deren Stellvertreter, denen entsprechend den gesetzlichen Bestimmungen Beschwerden und Klagen vorgetragen werden und die, obwohl deren Überprüfung zu ihren Amtspflichten gehört, mit irgendwelchen Entschuldigungen und Vorwänden, auch wenn es mit der Entschuldigung des Schweigens, der Kürze oder der Lückenhaftigkeit des Gesetzes ist, diese Prüfung unterlassen, eine Prüfung oder den Erlaß eines Urteils gesetzwidrig hinausschieben oder entgegen den Gesetzesbestimmungen herbeiführen, werden aus dem Justizdienst entfernt und außerdem zum Ersatz des verursachten Schadens verurteilt.

Amtsmißbrauch gegenüber dem Staat

Art. 75[10] - Der Beamte oder Angestellte einer staatlichen oder vom Staat abhängigen Verwaltung, Organisation, Institution oder Gesellschaft sowie Angestellte von staatlichen oder nichtstaatlichen sozialen Einrichtungen, dem Rechnungshof oder Einrichtungen, die mit ständiger Hilfe des Staates betrieben werden, sowie der Inhaber eines Amtes in der Gerichtsbarkeit, der Geldsummen, Geldforderungen, Zahlungsanweisungen, Aktien, sonstige Dokumente, Wertpapiere oder Vermögenswerte, die einer dieser Institutionen gehören, zum eigenen oder zum Vorteil eines anderen wegnimmt oder sich aneignet, ebenso Personen, denen diese aufgrund ihres Amtes anvertraut wurden (und die diese Tat begehen), werden außer zu der angedrohten abhaltenden Strafe unter Rückgabe der unterschlagenen Gelder oder Vermögenswerte wegen Unterschlagung zu Gefängnisstrafe von sechs Monaten bis zu fünf Jahren verurteilt.

Erläuterung: Diese Vorschrift wird auch auf die Bediensteten der gesetzgebenden und richterlichen Gewalt angewendet.

Art. 76 - Die im vorhergehenden Artikel genannten Personen, die die dort aufgeführten Gelder oder Gegenstände sowie Gegenstände, die aufgrund ihres Amtes ihrer Verfügung unterliegen, unbefugt benutzen, ohne daß die Absicht der Zueignung zum eigenen oder fremden Vorteil vorlag, werden als gesetzwidrig Verfügende angesehen. Außer zur Zahlung von Schadensersatz und Miete oder Pacht werden sie zu höchstens vierundsiebzig Peitschenhieben verurteilt. Das gleiche gilt, wenn durch Nachlässigkeit oder Vergeudung

10 Vgl. Anhang 1 Art. 5, 6, 7.

staatliche Gelder oder Vermögenswerte verloren gehen oder in einer Weise ausgegeben werden, die im Gesetz nicht oder für andere Fälle vorgesehen ist, oder wenn mehr als das Vorgesehene ausgegeben wird.

Art. 77 - Jeder, der verpflichtet ist, für eine der in Artikel 75 genannten Verwaltungen, Organisationen und Einrichtungen ein Geschäft abzuschließen, etwas herzustellen, die Herstellung zu kontrollieren oder anzuordnen und betrügerisch bei Geschäften durch Bestimmung des Betrages, der Form oder des Werts über die üblichen Grenzen des Geschäftsgegenstands hinaus oder durch Betrug bei der Herstellung der Sachen einen eigenen Vorteil oder den eines anderen erzielt, der für diese Verwaltung, Organisation oder Einrichtung einen Schaden verursacht, wird zum Schadensersatz und zu Gefängnisstrafe von sechs Monaten bis zu fünf Jahren verurteilt.

Art. 78 - Der Staatsbeamte oder -angestellte, der mit der Entgegennahme von Vermögenswerten zugunsten des Staates betraut ist und gegen das Gesetz oder mehr als die gesetzlichen Vorschriften vorsehen Geld oder Gegenstände einnimmt oder einnehmen läßt, wird zu höchstens vierundsiebzig Peitschenhieben und zur Erstattung des unrechtmäßig eingenommenen Betrages verurteilt. Die in diesem Artikel genannten Strafen werden auch gegenüber Personen verhängt, die mit der Einnahme von Vermögenswerten zugunsten von Stadtverwaltungen betraut sind.

Art. 79 - Der Staatsbeamte oder -angestellte, der aufgrund seines Amtes Personen verpflichtet oder in Dienst gestellt oder Transportdienste durchgeführt hat und den Lohn für diese Personen oder die Dienste, die durch sie geleistet worden sind, ganz oder teilweise auf die Rechnung des Staates setzt, aber nicht auszahlt, wird zu Entfernung aus dem Amt für die Dauer von einem Monat bis zu drei Jahren verurteilt. Dieselben Strafen werden gegen Amtsträger verhängt, die Personen ohne Zahlung zu Fron und Zwangsarbeit heranziehen, ihren Lohn für sich behalten, aber dem Staat in Rechnung stellen. In jedem Fall ist der Lohn zurückzuerstatten.

Art. 80 - Der Staatsbeamte oder -angestellte, der aufgrund seines Amtes befugt ist, Personen anzustellen und eine höhere Anzahl, als er eingestellt hat, beim Staat abrechnet, oder der persönliche Dienste als Teil des Dienstes beim Staat abrechnet und ihre Ansprüche dem Staat in Rechnung stellt, wird zur Entfernung aus dem Amt für die Dauer von einem Jahr bis zu fünf Jahren und zu höchstens vierundsiebzig Peitschenhieben sowie der Erstattung des Betrages verurteilt, den er in der obengenannten Art gegen den Staat geltend gemacht hat.

Art. 81 - Der Staatsbeamte oder -angestellte, der direkt oder durch Mittelsmänner bei Geschäftsverhandlungen, Versteigerungen, Ausschreibungen, die unter seiner Leitung oder Aufsicht stattfinden, der Erteilung von staatlichen Erlaubnissen und Konzessionen oder vergleichbaren Tätigkeiten einen Vorteil für sich selbst beabsichtigt, oder der ohne staatlichen Auftrag auf Rechnung des Staates etwas kauft oder herstellt oder bei der Auszahlung von Geldbeträgen, die ihm kraft Amtes obliegt, oder einem Rechnungsabschluß, den er erstellen muß, einen Vorteil für sich selbst erstrebt, wird außer zur dauernden Entfernung aus dem Staatsdienst zur Erstattung des erlangten Vorteils verurteilt.

Art. 82 - Der Staatsbedienstete, sei er Richter oder ein anderer Beamter, der Schriftstücke oder Urkunden, die aufgrund seiner Amtspflichten bei ihm hinterlegt werden oder ihm zur Erfüllung seiner Amtspflichten übergeben werden, vernichtet, beiseite schafft oder einer Person aushändigt, der er sie von Gesetzes wegen nicht aushändigen dürfte, wird außer zur Entfernung aus dem Staatsdienst und zum Ersatz des verursachten Schadens zu höchstens vierundsiebzig Peitschenhieben verurteilt.

Art. 83 - Jeder Verwaltungs- oder Justizbeamte, der aus Eigennutz und widerrechtlich in bezug auf eine der Parteien Meinungen äußert oder Maßnahmen trifft, wird als Beamter angesehen, der einen Verrat an seinen Amtspflichten begangen hat. Er wird zur Entfernung aus dem Staatsdienst für die Dauer von einem Jahr Jahr bis zu drei Jahren, zum Ersatz des verursachten Schadens und im Wiederholungsfall zur dauernden Entfernung aus dem Staatsdienst verurteilt.

Straftaten gegen Beamte

Widerstand gegen die Staatsgewalt

Art. 84 - Jeder Angriff oder tätliche Widerstand gegenüber Beamten bei Erfüllung ihrer Pflichten wird als Widerstand gegen die Staatsgewalt betrachtet und folgendermaßen bestraft:

Wenn der Widerstandleistende im Augenblick der Tatbegehung Waffengewalt anwendet, wird er zu Gefängnisstrafe von sechs Monaten bis zu drei Jahren verurteilt, in den übrigen Fällen zu Gefängnisstrafe von drei Monaten bis zu einem Jahr.

Art. 85 - Begeht der Widerstandleistende bei der Tat noch eine andere Straftat, wird er zu den Strafen für beide Straftaten verurteilt.

Beleidigung

Art. 86 - Die Beleidigung von Personen z.B. durch Schimpfwörter und unanständige Ausdrücke zieht eine Strafe von höchstens dreißig Peitschenhieben nach sich.

Art. 87 - Wer den Staatspräsidenten, den Ministerpräsidenten oder einen Minister, einen Parlamentsabgeordneten, ein Mitglied des Wächterrates oder des Rechnungshofs oder einen der Beamten der Justiz oder der Verwaltung im Hinblick auf deren Stellung bei der Erfüllung ihrer Pflichten oder wegen derselben beleidigt, wird mit höchstens vierundsiebzig Peitschenhieben bestraft.

Erläuterung: Falls die Beleidigung durch einen Schlag oder eine Verletzung erfolgt, wird der Täter zusätzlich zu der Strafe dieses Artikels auch zu den Strafen für diese Tat verurteilt.

Kriminelle Vereinigung oder Verabredung eines Verbrechens

Art. 88 - Wenn zwei oder mehr Personen eine Vereinigung bilden und die Begehung von Straftaten gegen die äußere und innere Sicherheit des Staates oder die Grundlagen der Staatsform der Islamischen Republik oder gegen Ehre, Leben und Besitz der Bevölkerung oder die Beschaffung von Mitteln zur Begehung dieser Taten verabreden, wird die Begehung der obengenannten Handlungen, wenn sie nicht unter den Kampf gegen Gott und das Verderbenstiften auf Erden fallen, mit Gefängnisstrafe von sechs Monaten bis zu drei Jahren und höchstens vierundsiebzig Peitschenhieben bedroht.

Straftaten gegen Personen und gegen Kinder[11]

Art. 89 - Wer Handlungen in der Absicht vornimmt, Spuren und Beweisstücke einer Straftat vor demjenigen zu verbergen oder zu beseitigen, für den daraus ein Anspruch entsteht, wird zu einer Strafe von höchstens vierundsiebzig Peitschenhieben verurteilt.

Art. 90 - Wer einer schwangeren Frau Hinweise zur Anwendung von Medikamenten oder anderen Mitteln gibt, die zur Abtreibung der Leibesfrucht führen, wird zu Gefängnisstrafe von drei bis zu sechs Monaten verurteilt.

Art. 91 - Wendet sich eine schwangere Frau wegen der Abtreibung der Leibesfrucht an einen Arzt oder eine Hebamme, und nimmt der Arzt diese wissentlich und willentlich vor, so muß er das Blutgeld für die Leibesfrucht zahlen. War in die Leibesfrucht bereits der Geist eingehaucht, ist Vergeltung verwirkt. Weist er die Schwangere auf Abtreibungsmittel hin, wird er zu Gefängnisstrafe von sechs Monaten bis zu drei Jahren verurteilt.

---

11 Diese Überschrift ergibt sich aus einer Zusammenziehung der Überschriften des früheren Abschnitts "Verbrechen und Vergehen gegen Personen" mit dem früheren dritten Unterabschnitt "Verbrechen und Vergehen gegen Kinder".

Art. 92 - Erfolgen Tötungen, Verletzungen, Schläge zur Verteidigung des Lebens, der Ehre oder des Vermögens des Täters selbst oder eines anderen, werden unter Berücksichtigung der folgenden Artikel keine Strafen verhängt, sofern die Verteidigung in einem angemessenen Verhältnis zu der Gefahr stand, die dem Täter drohte.

Erläuterung: Bei den Fällen der Verteidigung des Vermögens eines anderen ist die Bitte des Besitzers um Hilfe Voraussetzung.

Art. 93 - Gegen eine Tat, die nach diesem Gesetz als Straftat gegen das Leben oder die Ehre angesehen wird, ist, auch wenn sie von Beamten begangen wird, zur Verteidigung Widerstand und Gewaltanwendung erlaubt. Zur Verteidigung des Vermögens ist die Anwendung derjenigen Gewalt erlaubt, die erforderlich ist, um Taten zu verhindern, die gemäß den Artikeln über den Diebstahl als Straftat angesehen werden.

Art. 94 - Eine notwendige Verteidigung wird in denjenigen Fällen als gegeben angesehen, in denen

a) die Furcht für Leben, Ehre und Vermögen auf vernünftigen Anhaltspunkten beruhte;

b) zwischen Angriff und Verteidigung Verhältnismäßigkeit bestand;

c) die Erlangung staatlicher Hilfe oder irgendeines milderen Mittels zur Rettung nicht möglich war.

Art. 95 - Widerstand gegen Polizei-, Gendarmerie- und andere Beamte der Justiz, die in Erfüllung ihrer Amtspflichten handeln, wird nicht als notwendige Verteidigung angesehen; überschreiten diese jedoch ihre amtlichen Befugnisse und ist nach den gegebenen Anzeichen zu befürchten, daß ihr Handeln zu einer Tötung, Verletzung oder einem Angriff auf die Ehre führt, ist die Verteidigung dagegen ebenfalls erlaubt.

Art. 96 - In den nachgenannten Fällen wird eine vorsätzliche Tötung nicht bestraft, sofern sie als Verteidigung erfolgte:

a) gegen eine Tötungshandlung, schwere Verletzungen, Schläge oder eine schwere Kränkung;

b) gegen eine Person, die im Begriff ist, eine andere zu vergewaltigen;

c) gegen eine Person, die im Begriff ist, einen anderen zu bestehlen, zu berauben oder ihn zu entführen.

Art. 97 - Wer ein neugeborenes Kind entführt oder verbirgt oder es an die Stelle eines anderen Kindes bringt oder das Kind zu einer anderen Frau als zu seiner Mutter gehörig anmeldet, wird zu Gefängnisstrafe von sechs Monaten bis zu drei Jahren verurteilt. Stellt sich heraus, daß das Kind tot war, beträgt die Strafe des Schuldigen höchstens vierundsiebzig Peitschenhiebe.

Art. 98 - Wer ein Kind, das ihm anvertraut worden ist, nicht herausgibt, sobald eine Person, die von Gesetzes wegen das Recht zur Rückforderung hat, das verlangt, wird zu höchstens vierundsiebzig Peitschenhieben verurteilt.

Art. 99 - Wer selbst oder durch einen anderen ein Kind oder eine andere Person, die gebrechlich ist und sich nicht selbst schützen kann, an einem unbewohnten Ort aussetzt, wird zu höchstens vierundsiebzig Peitschenhieben verurteilt. Nehmen diese Personen Schaden oder sterben sie, wird der Aussetzende je nach Lage des Falles zu Vergeltung, Blutgeld oder Geldstrafe gemäß Artikel 210 Blutgeldgesetz[12] verurteilt.

Art. 100 - Wer ohne gesetzliche Grundlage eine Leiche exhumiert, wird zu einer Strafe von höchstens vierundsiebzig Peitschenhieben verurteilt. Begeht er gleichzeitig mit der Exhumierung weitere Straftaten, wird er auch dafür verurteilt.

---

12 Heute: Art. 495 des Gesetzes über islamische Strafen von 1991.

Straftaten gegen das Schamgefühl, die allgemeine Sittlichkeit und die Familienpflichten

Art. 101 - Verhalten sich ein Mann und eine Frau, die nicht miteinander verheiratet sind - abgesehen von unerlaubtem Geschlechtsverkehr -, unzüchtig, wie z.B. durch Küsse oder Umarmungen, so werden sie zu neunundneunzig Peitschenhieben verurteilt. Wird die Tat mit Gewalt begangen, so wird nur der Zwangausübende zu einer ta[c]zīr-Strafe verurteilt.

Art. 102 - Wer vor den Augen der Öffentlichkeit an allgemein zugänglichen Orten eine verbotene Handlung begeht, wird außer mit der Strafe für diese Handlung zu höchstens vierundsiebzig Peitschenhieben verurteilt. Begeht er eine Tat, die an sich nicht strafbar ist, aber gegen das allgemeine Schamgefühl verstößt, wird er nur zu höchstens vierundsiebzig Peitschenhieben verurteilt.

Erläuterung: Frauen, die sich ohne die religionsgesetzlich vorgeschriebene Kleidung auf öffentlichen Straßen und Plätzen zeigen, werden zu einer ta[c]zīr-Strafe von höchstens vierundsiebzig Peitschenhieben verurteilt.

Art. 103 - Folgende Personen werden zur Gefängnisstrafe von einem Jahr bis zu zehn Jahren und bis zu vierundsiebzig Peitschenhieben verurteilt:

1. wer ein Bordell gründet oder leitet, das die Bevölkerung zu Verderbtheit und unzüchtigem Verhalten verleitet;

2. wer die Bevölkerung zu Verderbtheit und unzüchtigem Verhalten anstiftet oder Anlaß dazu bietet.

Erläuterung: Führte die obengenannte Tat zu einer Verderbtheit der allgemeinen Sitten und wird sie im Wissen um diese Ursächlichkeit begangen, werden die Strafen für einen Verderbenstifter auf Erden angewendet.

Art. 104 - Die folgenden Personen werden zu Gefängnisstrafe von einem Monat bis zu einem Jahr verurteilt:

1. wer Schriftstücke, Zeichnungen, Illustrationen, Malereien, Fotografien, Druckerzeugnisse, Ankündigungen, Zeichen, Filme, Filmstreifen oder irgendeinen anderen Gegenstand, der das öffentliche Schamgefühl und die

guten Sitten verletzt, herstellt oder verwahrt, um sie in den Handel zu bringen, zu verteilen oder den Blicken der Öffentlichkeit darzubieten;

2. wer die genannten Gegenstände persönlich oder durch einen anderen einführt oder ausführt oder in irgendeiner Weise als Unternehmer oder Mittelsmann beim Handel oder einer anderen Art von Geschäft tätig ist oder aus ihrer Vermietung Einnahmen erlangt;

3. wer die obengenannten Gegenstände auf irgendeine Weise verbreitet oder den Blicken der Öffentlichkeit darbietet;

4. wer, um Geschäfte mit den obengenannten Gegenständen zu fördern oder sie zu verbreiten, in irgendeiner Weise Ankündigungen oder Bekanntmachungen herausbringt, damit irgendein anderer die obengenannten verbotenen Taten begeht, sowie derjenige, der Ankündigungen oder Bekanntmachungen herausbringt, wie oder durch wen man einen der obengenannten Gegenstände direkt oder indirekt erhalten kann.

Erläuterung: Dieser Artikel betrifft keine Gegenstände, die einem wissenschaftlichen Zweck dienen, für wissenschaftliche Zwecke oder ein anderes erlaubtes, vernünftiges Interesse beschafft, verkauft und gekauft oder gezeigt werden.

Art. 105 - Wer, obwohl er finanziell dazu in der Lage ist, seiner Frau den Unterhalt trotz ihres Gehorsams nicht gewährt oder es unterläßt, anderen Personen, denen er unterhaltspflichtig ist, diesen zu zahlen, kann vom Gericht zu höchstens vierundsiebzig Peitschenhieben verurteilt werden.

Falscheid und Offenbarung von Geheimnissen[13]

Art. 106 - Ärzte, Chirurgen, Hebammen, Apotheker und alle Personen, denen aufgrund ihrer Tätigkeit und ihrem Gewerbe Geheimnisse anvertraut werden, werden zu höchstens vierundsiebzig Peitschenhieben verurteilt,

---

13 Durch den Wegfall eines eigenen Abschnitts "Diebstahl" und die Übernahme der meisten Diebstahlsdelikte unter die ḥadd-Delikte sind die restlichen Tatbestände des früheren Abschnitts (spezielle Diebstahlsdelikte, Hehlerei und Verwahrungsbruch) - unzutreffend - unter diese Überschrift eingeordnet worden.

wenn sie außer in den gesetzlich bestimmten Fällen, in denen sie dazu verpflichtet sind, Geheimnisse anderer offenbaren.

Art. 107 - Wer bei Rechtsstreitigkeiten einen Eid leisten muß und falsch schwört, wird zu höchstens vierundsiebzig Peitschenhieben verurteilt.

Art. 108 - Erfüllt ein Diebstahl nicht alle Bedingungen für eine ḥadd-Strafe, wird der Dieb zu höchstens vierundsiebzig Peitschenhieben verurteilt.

Art. 109 - Die Strafe für den Versuch des Diebstahls ist eine ta[c]zīr-Strafe von höchstens vierundsiebzig Peitschenhieben.

Art. 110 - Wer trotz Kenntnis oder trotz sicherer Anzeichen dafür, daß eine Sache durch Diebstahl erlangt wurde, diese erwirbt, verbirgt, entgegennimmt oder mit ihr Geschäfte macht, wird zu höchstens vierundsiebzig Peitschenhieben verurteilt.

Falls der Angeklagte das Handeln mit gestohlenem Gut zu seinem Beruf macht oder neben einer anderen Arbeit auch derartige Geschäfte treibt, verurteilt ihn das Gericht zu Gefängnisstrafe von einem Jahr bis zu drei Jahren.

Art. 111 - Der Zugriff auf gesetzmäßig eingezogene Gegenstände ohne Erlaubnis der zuständigen Behörde wird, auch wenn der Täter der Eigentümer der Gegenstände ist, mit höchstens vierundsiebzig Peitschenhieben bestraft.

Gewalt und Drohung

Art. 112 - Wer einen anderen mit Gewalt oder Drohung dazu zwingt, ein Schriftstück abzufassen, zu unterschreiben oder zu siegeln oder ihm ein Schriftstück, das ihm gehört oder ihm anvertraut worden ist, auszuhändigen, wird zu Gefängnisstrafe von zwei Monaten bis zu zwei Jahren verurteilt.

Art. 113 - Wer einen anderen auf irgendeine Weise mit dem Tode oder einer Schädigung an Leben, Ehre und Ansehen oder mit der Enthüllung eines

Geheimnisses in bezug auf ihn selbst oder seine Angehörigen bedroht, wobei es nicht darauf ankommt, ob er dabei Geld oder Vermögenswerte oder ein Tun oder Unterlassen fordert, wird zu höchstens vierundsiebzig Peitschenhieben oder zu Gefängnisstrafe von zwei Monaten bis zu zwei Jahren verurteilt.

Bankrott und Betrug

Art. 114 - Wer wegen betrügerischen Bankrotts verurteilt wird sowie derjenige, der als Teilnehmer daran angesehen wird, wird zu Gefängnisstrafe von drei bis zu fünf Jahren verurteilt.

Art. 115 - Die Strafe für einen fahrlässigen Bankrott ist Gefängnisstrafe von drei Monaten bis zu zwei Jahren oder höchstens vierundsiebzig Peitschenhiebe.

Art. 116[14] - Wer durch List und Betrug der Bevölkerung das Vorhandensein von nicht bestehenden Handelsgesellschaften, Firmen, Fabriken oder Einrichtungen oder das Innehaben von nicht bestehenden Befugnissen vorspiegelt, Hoffnungen auf nicht vorhandene Sachen erweckt, Angst vor unwirklichen Ereignissen und Begebenheiten erregt oder sich einen falschen Namen, Titel oder eine Stellung zulegt und sich dadurch oder durch ein anderes betrügerisches Mittel Geld, Sachwerte, Urkunden, Zahlungsanweisungen, Empfangsbestätigungen, Quittungen oder dergleichen verschafft und so Vermögen eines anderen an sich bringt, wird als Betrüger angesehen und zu Gefängnisstrafe von sechs Monaten bis zu drei Jahren und zu höchstens vierundsiebzig Peitschenhieben verurteilt.

Legt sich der Täter den falschen Titel oder zu Unrecht die Position des Bediensteten in einer staatlichen Institution oder Einrichtung oder einer solchen, die mit der Regierung, der Stadtverwaltung oder Institutionen der Revolution zusammenhängt, zu, oder begeht er die Tat unter Ausnutzung der öffentlichen Nachrichtenübermittlung durch Massenkommunikationsmittel wie Radio, Fernsehen, Zeitungen, Zeitschriften, Reden in Versammlungen

---

14 Vgl. Anhang 1 Art. 1, 2, 7.

oder Verbreitung von gedruckten oder handschriftlichen Bekanntmachungen, wird er zu Gefängnisstrafe von einem Jahr bis zu fünf Jahren und darüber hinaus zu höchstens vierundsiebzig Peitschenhieben verurteilt.

Erläuterung: Der Versuch des Betrugs wird mit höchstens vierundsiebzig Peitschenhieben bestraft.

Vertrauensmißbrauch

Art. 117 - Wer unter Ausnutzung der Charakterschwäche, Leidenschaft oder Bedürfnisse einer nicht geschäftsfähigen Person sich zu deren Nachteil von ihr eine Urkunde wie z.B. eine Empfangsbestätigung, eine Geldanweisung, einen gezogenen Wechsel, einen Schuldschein, einen Scheck, eine Quittung, einen Schein über die Verwahrung oder den Empfang von beweglichen Gegenständen, Handelswaren und eine andere Sache, die Verpflichtungen begründen kann, auf welche Art auch immer verschafft, wird zu höchstens vierundsiebzig Peitschenhieben verurteilt.

Art. 118 - Wer unter Mißbrauch einer Blankounterschrift, die ihm anvertraut worden ist, betrügerisch die Übernahme oder Entlastung von einer Verpflichtung erklärt oder etwas anderes niederschreibt, das demjenigen zum Nachteil gereicht, der unterschrieben oder gesiegelt hat, wird zu höchstens vierundsiebzig Peitschenhieben verurteilt. War ihm die Blankounterschrift nicht anvertraut, sondern hat er sie sich selbst beschafft, gilt er als Fälscher und wird dementsprechend verurteilt.

Art. 119 - Werden irgendwelche Gegenstände, Mittel, Gelder, Waren und Liegenschaften, Urkunden wie Schuldbriefe, Schecks, Empfangsbestätigungen und dergleichen zur Miete, als Depot oder Pfand oder zur Ausübung der Stellvertretung oder zu jeglicher Art bezahlter oder unbezahlter Arbeit überlassen, und zwar so, daß sie zurückgegeben oder damit ein bestimmter Gebrauch gemacht werden sollte, und eignet sich derjenige, bei dem sich diese Sachen befinden, sie sich zum Nachteil des Eigentümers oder des Verfügungsberechtigten an oder vernichtet sie, schafft sie beiseite oder verwendet sie, wird er zu höchstens vierundsiebzig Peitschenhieben verurteilt.

Betrug und Fälschung im Handel

Art. 120 - Wer durch Verbreitung von falschen Angaben oder Ankündigungen ohne reale Grundlage oder durch den Kauf von Waren zu einem höheren Preis als demjenigen, der vom Verkäufer festgesetzt war, oder durch Absprachen zwischen den Eigentümern oder Verkäufern den Preis von Waren, Tratten, Aktien oder dergleichen über den angemessenen Preis hinaus hochtreibt oder sinken läßt, wird zu Gefängnisstrafe von drei Monaten bis zu einem Jahr und zu höchstens vierundsiebzig Peitschenhieben verurteilt.

Art. 121 - Wer Waren anstelle anderer Waren oder zu wenig liefert oder wer sonstwie den Käufer über Quantität oder Qualität des gekauften Gegenstandes täuscht, wird zu einer Strafe von höchstens vierundsiebzig Peitschenhieben verurteilt.

Diese Strafen werden auch auf denjenigen angewendet, der neue Gegenstände als Antiquitäten ausgibt und so den Käufer betrügt.

Art. 122 - Wer in Iran eingetragene Warenzeichen wissentlich fälscht oder im Wissen um ihr Gefälschtsein führt, sie auf Papieren, Ankündigungen oder Erzeugnissen anbringt, auf Verkaufsausstellungen ausstellt, zum Verkauf bringt oder sie durch Hinzufügung, Weglassen oder Veränderung eines Teils ihrer charakteristischen Merkmale in einer Weise verfälscht, die zu einem Betrug gegenüber dem Käufer führt, wird zu höchstens vierundsiebzig Peitschenhieben verurteilt.

Art. 123 - Wer ein Erzeugnis mit einem gefälschten, nachgemachten oder unbefugt verwendeten Warenzeichen aus Iran ausführt oder in das Staatsgebiet einführt, wird zu Gefängnisstrafe von drei Monaten bis zu drei Jahren verurteilt.

Art. 124 - Zu Gefängnisstrafe bis zu sechs Monaten wird verurteilt:

1. wer vorgeschriebene Warenzeichen auf einem Erzeugnis, das sie tragen muß, nicht verwendet;

2. wer wissentlich Erzeugnisse zum Verkauf anbietet oder verkauft, die nicht die Warenzeichen tragen, die sie tragen müssen.

Art. 125 - Wer aufgrund seiner beruflichen Stellung oder einer Vertrauensstellung Geheimnisse erfährt, die sich auf Erfindungen oder diesbezügliche Verfahrensweisen beziehen, und diese in irgendeiner Weise, die den öffentlichen Interessen schadet, offenbart oder auf eine andere Weise mißbraucht, wird zu Gefängnisstrafe von einem Jahr bis zu drei Jahren verurteilt.

Brandstiftung, Zerstörung und Beschädigung von Sachen und Tieren

Art. 126 - Wer vorsätzlich Bauwerke, Gebäude, Fabriken, Werkstätten, Lager oder sonstwie einen bewohnten oder unbewohnten Ort, ungedroschenes Getreide oder irgendeine Art von landwirtschaftlichen Erzeugnissen, Bäume, Felder oder Gärten, die einem anderen gehören, in Brand setzt, wird zu einem Jahr bis zu drei Jahren Gefängnisstrafe verurteilt, wer sie zerstört wird zu sechs Monaten bis zu zwei Jahren Gefängnisstrafe verurteilt. Werden die in diesem Artikel genannten Taten mittels einer Bombe oder entzündlicher Stoffe begangen, ist die Strafe dafür Gefängnisstrafe von zwei bis zu fünf Jahren.

Erläuterung: Falls die obengenannten Taten in der Absicht des Widerstandes gegen den islamischen Staat begangen worden sind und vom Kampf gegen Gott und Verderbenstiften auf Erden zeugen, werden die Strafen für einen Kämpfer gegen Gott verhängt.

Art. 127 - Wer Balken oder Holz, das zum Bauen oder Verbrennen bestimmt ist, in Brand setzt, wird zu einer Strafe von höchstens vierundsiebzig Peitschenhieben verurteilt.

Art. 128 - Hat der Brandstifter in den obengenannten Artikeln die Verletzung oder den Verlust von Gliedern oder den Tod einer Person verursacht, so wird er nach den gesetzlichen Merkmalen zur Zahlung des Blutgeldes und falls die Tat wissentlich und willentlich begangen wurde, zu den Strafen für eine Vorsatztat verurteilt.

Art. 129 - Wer landwirtschaftliche Mittel, Geräte und Werkzeuge, Viehställe oder landwirtschaftliche Gebäude zerstört, beschädigt oder zerbricht oder vorsätzlich und ohne Notwendigkeit Großvieh, Haustiere oder Fische in Flüssen, Bächen, Teichen oder dergleichen, die einem anderen gehören, vergiftet oder sonst ein Haustier, dessen Fleisch zu verzehren erlaubt ist und das einem anderen gehört, vorsätzlich tötet, vergiftet oder verletzt, wird außer zur Zahlung von Schadensersatz zu höchstens vierundsiebzig Peitschenhieben verurteilt.

Art. 130 - Wer wissentlich Register, Kaufvertragsurkunden und sonstige staatliche Urkunden verbrennt oder auf irgendeine andere Weise zerstört, wird zu Gefängnisstrafe von sechs Monaten bis zu drei Jahren und zur Zahlung des verursachten Schadens verurteilt.

Art. 131 - Wer wissentlich irgendwelche Handels- oder sonstige Dokumente und Urkunden, deren Vernichtung einem anderen zum Nachteil gereichen, verbrennt oder in irgendeiner anderen Weise vernichtet, wird zu Gefängnisstrafe von einem Monat bis zu zwei Jahren verurteilt.

Art. 132 - Die Strafe für jede Art von Raub, Plünderung oder Zerstörung von irgendwelchen Gegenständen, Waren oder Ernteerzeugnissen, die durch eine Gruppe von mehr als drei Personen mit Gewalt erfolgt, beträgt zwei bis vier Jahre Gefängnis.

Art. 133 - Wer die Ernte eines anderen abweiden läßt oder den Weinberg, Obstgarten oder Palmenhain eines anderen zerstört oder Ernteerzeugnisse eines anderen abschneidet oder aberntet oder durch Diebstahl oder Abstellen des Wassers, das dem anderen zusteht, oder durch sonstige Mittel und Maßnahmen austrocknet oder Schäden daran verursacht oder die Wassermühle eines anderen gebrauchsunfähig macht, wird außer zur Zahlung des zugefügten Schadens zu höchstens vierundsiebzig Peitschenhieben verurteilt.

Art. 134 - Wer ohne rechtlichen Grund durch Manipulationen wie z.B. Grundsteinlegung, Aufziehen von Wänden, Änderung von Grenzlinien, Beseitigung von Grenzen, Umwallung von kleinen Feldabschnitten, Flußableitungen, Graben von Brunnen, Anpflanzung von Bäumen, Ackerbau oder sonstigem, das Zeichen des Besitzes über landwirtschaftliche Ländereien schaffen soll, seien sie bestellt oder brachliegend, seien es Wälder, verstaatlichte Weiden, Gärten und Baumschulen, Quellen, Unternehmen des Ackerbaus, der Haustierhaltung, der Viehzucht oder der Verarbeitung landwirtschaftlicher Erzeugnisse, totes und brachliegendes Land und andere Ländereien und Besitzungen, die dem Staat oder einer mit dem Staat verbundenen Gesellschaft oder Stadtverwaltungen, frommen Stiftungen, natürlichen oder juristischen Personen gehören,

die Anerkennung des Besitzes oder seiner eigenen Rechtsinhaberschaft oder der eines anderen erstrebt, oder Handlungen vornimmt, die in irgendeiner Weise unbefugte Übergriffe darstellen oder die die Wahrnehmung eines Rechtes stören oder hindern, wird zu höchstens vierundsiebzig Peitschenhieben verurteilt. Das Gericht ist verpflichtet, je nach Lage des Falles unbefugte Verfügungen aufzuheben, Störungen zu beseitigen und die Wahrnehmung von Rechten zu ermöglichen.

Erläuterung: Das Verfahren wegen der obengenannten Straftaten erfolgt bei den Staatsanwaltschaften außerhalb der Reihe; der Staatsanwalt oder sein Vertreter erstellen ein Protokoll und ordnen an, daß die unerlaubten Handlungen bis zum Erlaß des Endurteils einzustellen sind.

Art. 135 - Wer mit Gewalt in das umfriedete oder nicht umfriedete Besitztum eindringt, das der Verfügungsgewalt eines anderen unterliegt, oder wer, auch wenn er anfänglich nicht mit Gewalt hineingelangt ist, trotz Aufforderung des Besitzers mit Gewalt darin verblieben ist, wird über die Beseitigung des Übergriffs hinaus zu einer Strafe von höchstens vierundsiebzig Peitschenhieben verurteilt.

Art. 136 - Wer durch ein rechtskräftiges Urteil zur Aufgabe des Besitzes an einem Grundstück oder zur Beseitigung einer Störung verurteilt wurde und nach Vollstreckung des Urteils wiederum den Gegenstand des Urteils unbefugt in Besitz nimmt oder eine Störung verursacht, wird neben der Beseitigung des unrechtmäßigen Zustands zu Gefängnisstrafe von einem Jahr bis zu drei Jahren verurteilt.

Art. 137 - Wer mit Gewalt und durch Drohung in ein Wohnhaus oder in einen anderen bewohnten Ort eindringt, wird zu höchstens vierundsiebzig Peitschenhieben verurteilt.

Art. 138 - Wer das Eigentum eines anderen mit Gewalt in Besitz nimmt, wird zu einem Jahr bis zu drei Jahren Gefängnisstrafe verurteilt.

Art. 139 - In allen Fällen, in denen der Verurteilte über die strafrechtliche Verurteilung hinaus zur Rückgabe der Sache, der Erstattung ihres Wertes oder einer gleichartigen Sache verurteilt wird, ist er verpflichtet, demjenigen, zu dessen Gunsten das Urteil gefällt wurde, die Sache selbst, eine gleichartige Sache oder deren Wert herauszugeben. Handelt der Verurteilte nicht dem Urteil entsprechend, kann das Gericht das Urteil durch den Verkauf von Gegenständen des Verurteilten vollstrecken oder bis zur Erfüllung der Ansprüche des durch das Urteil Begünstigten den Verurteilten in Haft nehmen.

Erläuterung: Falls der Verurteilte in bezug auf die vermögensmäßige Verurteilung behauptet, daß er mittellos ist, kann er auf Antrag des durch das Urteil Begünstigten bis zum Nachweis der Mittellosigkeit in Haft gehalten werden.

Verleumdung, Beleidigung und Beschimpfung

Art. 140 - Wer durch gedruckte oder handgeschriebene Schriften, durch ihre Verbreitung oder durch Veröffentlichungen in Zeitungen oder Zeitschriften oder durch Reden in Versammlungen einer Person eine Tatsache eindeutig zur Last legt, die nach dem Gesetz als Straftat angesehen wird, wird als Verleumder betrachtet, sofern er nicht die Richtigkeit seiner Behauptung beweisen kann. Die Strafe des Verleumders ist außer in den Fällen, für die eine ḥadd-Strafe vorgesehen ist, höchstens vierundsiebzig Peitschenhiebe.

Art. 141 - Wer in der Absicht, einem anderen Schaden zuzufügen oder in der Öffentlichkeit oder bei Behörden Verwirrung zu stiften, durch ein Schreiben, eine Klageschrift, ein Gesuch oder einen Bericht oder durch die Verbreitung irgendwelcher handgeschriebener oder gedruckter Schriften, mit oder ohne Unterschrift, Lügen in die Welt setzt oder wer wahrheitswidrig direkt oder als Weitergabe von Gerüchten einer natürlichen oder juristischen Person oder offiziellen Stelle offen oder in Andeutungen bestimmte Handlungen zur Last legt, unabhängig davon, ob er dadurch dem anderen auf irgendeine Weise materiellen oder immateriellen Schaden zufügt oder nicht, wird zu Gefängnisstrafe von einem Monat bis zu zwei Jahren oder zu höchstens vierundsiebzig Peitschenhieben verurteilt.

Art. 142 - Wer wissentlich und willentlich in der Absicht, einen anderen zur Anklage zu bringen, Werkzeuge oder Geräte zur Begehung einer Straftat, Gegenstände, die durch eine solche erlangt sind, oder solche, die, wenn sie im Besitz einer Person gefunden werden, deren Verdächtigung zur Folge haben, ohne daß es der Betreffende bemerkt, in dessen Wohnung oder Arbeitsstelle, Tasche oder in Gegenstände, die ihm gehören, bringt oder darin versteckt, wird, wenn aufgrund dessen der Betreffende verfolgt wird, zu Gefängnisstrafe von sechs Monaten bis zu drei Jahren verurteilt, sobald sich die Unschuld des Verdächtigen herausgestellt hat.

Erläuterung: Falls in den beiden vorhergehenden Artikeln der Täter ein öffentliches Amt bekleidet und die Tat im Rahmen seiner Zuständigkeit begangen hat, wird er außer zu den vorgesehenen Strafen auch zur Entfernung aus dem Amt für sechs Monate bis zu zwei Jahren verurteilt.

Art. 143 - Wer in Versen oder in Prosa einen anderen lächerlich macht und diese verbreitet, wird zu höchstens vierundsiebzig Peitschenhieben verurteilt.

Öffentlicher Konsum von alkoholischen Getränken und Glücksspiel

Art. 144 - Jeder Muslim, der in der Öffentlichkeit an allgemein zugänglichen Orten, Straßen und Versammlungsplätzen alkoholische Getränke konsumiert, wird außer zur Vollstreckung der ḥadd-Strafe wegen Weintrinkens zu zwei bis zu sechs Monaten Gefängnisstrafe verurteilt.

Art. 145 - Wer alkoholische Getränke herstellt, einführt, im Inland bereithält, kauft, verkauft, zum Verkauf anbietet oder transportiert, wird zu höchstens vierundsiebzig Peitschenhieben verurteilt.

Art. 146 - Wer ein Spielkasino eröffnet und die Leute zum Spiel an diesem Ort einlädt oder den Weg dazu weist, Geräte oder Mittel zum Glücksspiel herstellt, einführt oder damit handelt, wird zu einer Strafe von höchstens vierundsiebzig Peitschenhieben verurteilt. Das Geld und die Geräte, die mit dem Glücksspiel zusammenhängen und die sich in dem Spielkasino befinden, werden nach den gesetzlichen Merkmalen je nach Fall vernichtet oder dem Eigentümer zurückgegeben. Ist der Eigentümer unbekannt, so wird das Geld nach dem Ermessen des Richters als Almosen verteilt. Wer öffentlich an Glücksspielen teilnimmt, wird zu elf Tagen bis zu sechs Monaten Gefängnisstrafe verurteilt, und das Geld, das er dadurch erlangt hat, wird für die Staatskasse beschlagnahmt.

Art. 147 - Wer ein Arbeitsverhältnis in einem Spielkasino oder an einem öffentlichen Ort eingeht, der zur Ausgabe von alkoholischen Getränken bestimmt ist, oder in irgendeiner Art den Betreibern derartiger Orte hilft oder Teilhaber ist, wird zu höchstens vierundsiebzig Peitschenhieben verurteilt.

Art. 148 - Wird festgestellt, daß ein Justizbeamter oder ein sonst zuständiger Beamter, der von der Existenz derartiger Orte oder den in Artikel 147 genannten Personen Kenntnis hatte und den Staatsanwalt nicht von dem Sachverhalt unterrichtet oder einen wahrheitswidrigen Bericht vorgelegt hat, so wird er zur Entfernung aus dem Amt für die Dauer von drei Monaten bis zu einem Jahr verurteilt.

Straftaten beim Führen von Kraftfahrzeugen

Art. 149 - Kommt es durch die Unvorsichtigkeit oder das mangelnde Können des Fahrers eines Kraftfahrzeugs, sei es ein Land- oder Wasserfahrzeug, oder dessen, der eine Maschine bedient, oder durch die Nichtbeachtung staatlicher Vorschriften zu einer fahrlässigen Tötung, so wird der Schuldige zu drei Monaten bis zu zwei Jahren Gefängnisstrafe sowie zur Zahlung des Blutgeldes verurteilt, falls dieses von seiten der Bluträcher verlangt wird.

Art. 150 - Verursacht der Fahrer eines Kraftfahrzeugs oder derjenige, der eine Maschine bedient, durch Unvorsichtigkeit, mangelndes Können oder Nichtbeachtung staatlicher Vorschriften einen Körperschaden, dessen Heilung bis zu zwei Monaten dauert oder der eine Arbeitsunfähigkeit des Verletzten von höchstens zwei Monaten zur Folge hat, so wird er zu Gefängnisstrafe von zwei bis zu sechs Monaten verurteilt und auf Verlangen des Verletzten auch zur Zahlung des Blutgeldes. Bei Verzeihung des Verletzten wird die Verfolgung bzw. die Vollstreckung des Urteils eingestellt.

Art. 151 - Verursacht der Fahrer eines Motorfahrzeugs oder derjenige, der eine Maschine bedient, durch Unvorsichtigkeit, mangelndes Können oder Nichtbeachtung staatlicher Vorschriften einen Körperschaden, dessen Heilung länger als zwei Monate dauert oder der eine Arbeitsunfähigkeit von mehr als zwei Monaten oder eine dauernde Schwächung eines Sinnesorgans oder eines Körpergliedes zur Folge hat oder zum Verlust des Teils eines Gliedes des Verletzten führt, ohne daß dieses funktionsunfähig wird, oder eine Geburt vor dem natürlichen Zeitpunkt herbeiführt, so wird der Schuldige zu Gefängnisstrafe von drei Monaten bis zu einem Jahr und auf Verlangen des Verletzten zur Zahlung des Blutgeldes verurteilt. Bei Verzeihung des Verletzten wird die Verfolgung bzw. die Vollstreckung des Urteils eingestellt.

Art. 152 - Verursacht eine fahrlässige Körperverletzung, die aus den obengenannten Gründen eingetreten ist, eine unheilbare körperliche oder geistige Krankheit, den Verlust eines Sinnesorgans, den Verlust oder die Funktionsunfähigkeit eines Körpergliedes, das eine vitale Funktion für den

Menschen erfüllt, den Verlust der Zeugungsfähigkeit, den dauernden Verlust der Sprache, eine ständige Veränderung der Form eines Gliedes oder des Gesichts oder wird ein Schwangerschaftsabbruch herbeigeführt, so wird der Schuldige zu Gefängnisstrafe von sechs Monaten bis zu zwei Jahren verurteilt, ferner auf Verlangen des Verletzten zur Zahlung des Blutgeldes.

Art. 153 - War in den Fällen der Artikel 149, 150, 151 und 152 der Fahrer des Motorfahrzeugs zum Zeitpunkt der Straftat betrunken oder besaß er keinen Führerschein, hatte er die für die Fahrt vorgeschriebene Geschwindigkeit überschritten oder das Motorfahrzeug trotz Vorhandenseins eines technischen Mangels oder Fehlers in Betrieb genommen, so wird er zu mehr als der Hälfte der Höchststrafe verurteilt, die in den vorhergehenden Artikeln vorgesehen ist.

Art. 154 - In den Fällen der vorhergehenden Artikel führt das Gericht auf Antrag des Adhäsionsklägers auch das Verfahren in bezug auf den Ersatz der materiellen Schäden durch, die dem Verletzten durch die Tat zugefügt wurden und für die eine Haftung besteht, und entscheidet darüber im Urteil.

Erläuterung: Der Staatsanwalt ist verpflichtet, in jeder Weise, die er für dienlich hält, bis zur ersten Sitzung dem Kläger zur Kenntnis zu bringen, daß er, falls er einen Antrag wegen seiner Schäden stellen will, er diesen Antrag zusammen mit den Beweismitteln dem Gericht einreichen muß, das die Strafsache verhandelt. Das Gericht nimmt diesen Antrag im laufenden Verfahren bis zum Erlaß des Urteils entgegen; wird er aber nicht vor Beendigung des Verfahrens eingereicht und hat das Gericht das Verfahren in der Strafsache abgeschlossen, kann auf Antrag des Staatsanwalts zunächst das Urteil in der allgemeinen Sache ergehen und das Urteil wegen der Schäden nach Abschluß des Verfahrens erlassen werden.

Art. 155 - In allen in diesem Gesetz genannten Fällen, in denen der Verletzte sofortige Hilfe braucht und der Fahrer trotz der Möglichkeit, für den Verletzten Hilfe in medizinischen Zentren oder bei der Polizei zu erlangen, die Hilfeleistung unterläßt oder sich vom Unfallort entfernt und den Verletzten zurückläßt, um einer Strafverfolgung zu entgehen, wird er je nach der Folge der Verletzung und je nach Lage des Falles zu mehr als der Hälfte der Höchststrafe verurteilt, die in den Artikeln 149 bis 152 dieses Gesetzes festgesetzt sind.

Ergibt sich der Gegenstand der Anklage aus der Anwendung der Artikel 150 und 151 dieses Gesetzes, so wird auf Antrag des Anklägers die Strafverfolgung oder die Vollstreckung des Urteils eingestellt.

In diesem Fall darf der Fahrer zur Erfüllung der in diesem Artikel genannten Verpflichtungen das Fahrzeug von der Unfallstelle entfernen, wenn keine andere Möglichkeit besteht, um Hilfe für den Verletzten zu erlangen. In allen in diesem Gesetz genannten Fällen berücksichtigt das Gericht die Vorschriften über die Strafmilderung, wenn der Fahrer den Verletzten an einen Ort bringt, wo er medizinisch behandelt wird und sich erholen kann, oder die zuständigen Beamten von dem Geschehen unterrichtet oder in irgendeiner Weise die Heilbehandlung oder Erholung oder Linderung der Schmerzen des Verletzten veranlaßt.

Art. 156 - Wer ohne amtliche Erlaubnis ein Kraftfahrzeug führt sowie derjenige, dem aufgrund eines Gerichtsurteils das Führen eines Kraftfahrzeugs untersagt ist und der trotzdem ein solches Fahrzeug führt, wird beim erstenmal zu einer Strafe von höchstens vierundsiebzig Peitschenhieben verurteilt.

Art. 157 - Der Beamte, der mit der Beurteilung der Fahreignung und der Vergabe von Führerscheinen betraut ist, wird, wenn er einer Person einen Führerschein erteilt, die die Voraussetzungen zum Fahren nicht erfüllt, für die Dauer von fünf Jahren zum Ausschluß aus dem Staatsdienst verurteilt.

Art. 158 - Der Fahrzeugführer, der an dem Tachometer seines Fahrzeugs absichtlich eine Änderung vornimmt, damit dieser eine geringere als die tatsächliche Geschwindigkeit anzeigt, oder der ein Fahrzeug fährt, obwohl er weiß, daß eine derartige Änderung an dem Tachometer vorgenommen wurde, wird zu höchstens vierundsiebzig Peitschenhieben verurteilt.

Art. 159 - Bei den Rechten der Menschen[15] hängt die Strafverfolgung und die Bestrafung des Täters von einem Antrag des Rechtsinhabers oder seines gesetzlichen Vertreters ab.

15 Siehe Anm. 7 zu Art. 31 Gesetz über islamische Strafen von 1991.

Anhang 1

Gesetz zur Verschärfung der Strafen für diejenigen, die eine Bestechung, eine Unterschlagung oder einen Betrug begangen haben vom 15. Āzar 1367/6.12.1988[1]

Art. 1 - Wer durch List und Betrug der Bevölkerung das Vorhandensein von nicht bestehenden Handelsgesellschaften, Firmen, Fabriken oder Einrichtungen, den Besitz von nicht vorhandenem Vermögen oder das Innehaben von nicht bestehenden Befugnissen vorspiegelt, Hoffnungen auf nicht vorhandene Sachen weckt, Angst vor unwirklichen Ereignissen und Begebenheiten erregt oder sich einen falschen Namen oder Titel zulegt und sich dadurch oder durch ein anderes betrügerisches Mittel Geld, Sachwerte, Urkunden, Zahlungsanweisungen, Empfangsbestätigungen, Quittungen und dergleichen verschafft und dadurch Vermögen eines anderen an sich bringt, wird als Betrüger angesehen und außer zur Rückgabe der Vermögenswerte an ihren Eigentümer zu Gefängnisstrafe von einem Jahr bis zu sieben Jahren und zu einer Geldstrafe verurteilt, die dem Vermögenswert entspricht, den er an sich gebracht hat.

Legt sich der Täter wahrheitswidrig den Titel oder die Stellung eines Angestellten in einer staatlichen oder vom Staat abhängende Einrichtung oder Institution, einer staatlichen Handelsgesellschaft, in Räten, Kommunalverwaltungen oder Institutionen der Revolution oder allgemein in einer der drei Gewalten, den Streitkräften oder Institutionen und Einrichtungen zu, die für soziale Dienste vorgesehen sind oder wird die Tat unter Ausnutzung öffentlicher Nachrichtenübermittlung durch Massenkommunikationsmittel wie Radio, Fernsehen, Zeitung, Zeitschriften, Reden in Versammlungen oder durch die Verbreitung gedruckter oder handschriftlicher Bekanntmachungen verübt oder zählt der Täter zu den Angestellten des Staates, staatlicher oder vom Staat abhängender Einrichtungen oder Institutionen, von Kommunalverwaltungen, Institutionen der Revolution oder allgemein der drei Gewal-

1 Veröffentlicht im Amtsblatt Nr. 12780 vom 18.10.1367/8.1.1989.

ten, der Streitkräfte oder der sozialen Dienste, so wird er außer zur Rückgabe der Vermögenswerte an den Eigentümer zu Gefängnisstrafe von zwei bis zu zehn Jahren, zum dauernden Ausschluß aus dem Staatsdienst und zur Zahlung einer Geldstrafe verurteilt, die dem Vermögenswert entspricht, den er an sich gebracht hat.

Anmerkung 1: In allen in diesem Artikel genannten Fällen kann das Gericht bei Vorliegen mildernder Umstände die Strafe für den Täter unter Anwendung der Grundsätze für eine Strafmilderung bis auf das in diesem Artikel vorgesehene Mindestmaß der Gefängnisstrafe und dem dauernden Ausschluß aus dem Staatsdienst herabsetzen, es kann die Strafen aber nicht zur Bewährung aussetzen.

Anmerkung 2: Die Strafe für den Betrugsversuch ist je nach Fall die in diesem Artikel festgesetzte Mindeststrafe. Erfüllt die Tat selbst schon einen Straftatbestand, wird derjenige, der den Versuch begangen hat, auch zu der Strafe für diese vollendete Tat verurteilt. Beamte werden zusätzlich zu der genannten Strafe, wenn sie im Range eines Generaldirektors, gleichrangig oder höher stehen, zum dauernden Ausschluß aus dem Staatsdienst, und wenn sie auf einer niedrigeren Stufe stehen, zum Ausschluß aus dem Staatsdienst für die Zeit von sechs Monaten bis zu drei Jahren verurteilt.

Art. 2 - Wer auf irgendeine Weise Konzessionen, die bestimmten Personen bei Erfüllung besonderer Voraussetzungen erteilt werden, wie Ausfuhr- und Einfuhrerlaubnisse sowie das, was nach den Bestimmungen des nichtreligiösen Rechts als behördliche Erlaubnis bezeichnet wird, zum Kauf oder Verkauf anbietet oder mißbraucht oder beim Verteilen von Waren, die laut Vorschrift nach bestimmten Richtlinien verteilt werden, betrügerische Handlungen begeht oder allgemein Vermögensgegenstände oder Geld auf ungesetzliche Art und Weise erwirbt, wird als Straftäter angesehen und außer zur Rückgabe der Vermögenswerte zu Gefängnisstrafe von drei Monaten bis zu zwei Jahren oder Geldstrafe in Höhe des Doppelten der erlangten Vermögenswerte verurteilt.

Anmerkung: In den in diesem Artikel genannten Fällen ist das Gericht bei Vorliegen von Strafmilderungsgründen oder Gründen, die zur Aussetzung auf Bewährung führen, verpflichtet, die Vorschriften des Artikel 1 Anmerkung 1 zu berücksichtigen.

Art. 3 - Der Staatsbeamte und -angestellte in Justiz, Verwaltung, Räten, Kommunalverwaltungen oder revolutionären Institutionen, allgemein den drei Gewalten, den Streitkräften, staatlichen Handelsgesellschaften, staatlichen oder vom Staat abhängenden Institutionen sowie die in staatlichen oder nicht-staatlichen sozialen Einrichtungen Eingesetzten, die für die Erledigung oder Nichterledigung von Angelegenheiten, die in den Bereich der betreffenden Institutionen fallen, die Geld, Vermögensgegenstände, Zahlungsanweisungen oder Dokumente zur Übertragung von Vermögenswerten direkt oder indirekt annehmen, werden als bestechlich angesehen und in der folgenden Art verurteilt. Dabei kommt es nicht darauf an, ob die genannte Angelegenheit mit ihren Funktionen im Zusammenhang steht oder in die Zuständigkeit eines anderen Bediensteten dieser Institution fällt, ob die Angelegenheit erledigt wurde, ob die Ausführung Gerechtigkeit und Pflicht entsprach und ob der Bestechliche auf die Ausführung oder Nichtausführung Einfluß gehabt hat.

Übersteigt der Wert der angenommenen Vermögensgegenstände oder Gelder 20.000 Rial nicht, wird der Täter zu zeitweiligem Ausschluß aus dem Staatsdienst für die Dauer von sechs Monaten bis zu drei Jahren verurteilt. Steht er im Rang eines Generaldirektors, ist ihm gleichrangig oder höherrangig, so wird er zur dauerndem Ausschluß aus dem Staatsdienst verurteilt. Liegt der Betrag darüber, so wird bei bis zu 200.000 Rial zu einem Jahr bis zu drei Jahren Gefängnisstrafe, Geldstrafe in Höhe der angenommenen Vermögenswerte oder Gelder und zeitweiligem Ausschluß aus dem Staatsdienst für die Dauer von sechs Monaten bis zu drei Jahren verurteilt. Steht der Täter im Rang eines Generaldirektors, ist ihm gleichrangig oder höherrangig, so tritt an die Stelle des zeitweiligen der dauernde Ausschluß aus dem Staatsdienst.

Beträgt der Wert der angenommenen Gelder und Vermögenswerte mehr als 200.000 Rial bis zu einer Million, ist die Strafe für den Täter zwei bis zu fünf Jahren Gefängnisstrafe, ferner eine Geldstrafe in Höhe des Werts der angenommenen Vermögensgegenstände oder Gelder, dauernder Ausschluß aus dem Staatsdienst und bis zu vierundsiebzig Peitschenhieben. Wenn der Täter im Rang unter einem Generaldirektor oder entsprechend steht, tritt anstelle des dauernden Ausschlusses ein zeitweiliger Ausschluß für die Dauer von sechs Monaten bis zu drei Jahren.

Beträgt der Wert der angenommenen Vermögensgegenstände oder Gelder mehr als eine Million Rial, ist die Strafe für den Täter fünf bis zu zehn Jahren Gefängnisstrafe, zusätzlich eine Geldstrafe in Höhe des Werts der angenommenen Vermögensgegenstände oder Gelder, dauernder Ausschluß aus dem Staatsdienst sowie bis zu vierundsiebzig Peitschenhieben. Steht der Täter im Rang unter einem Generaldirektor oder entsprechend, so tritt anstelle des dauernden Ausschlusses ein zeitweiliger Ausschluß für die Dauer von sechs Monaten bis zu drei Jahren.

Anmerkung 1: Die genannten Beträge sind, was die Bestimmung der Strafen oder die Zuständigkeit des Gerichts angeht, davon unabhängig, ob die Tat auf einmal oder in mehreren Malen verübt wurde und erst die Zusammenrechnung der angenommenen Beträge den erforderlichen Mindestwert erreicht.

Anmerkung 2: In all den obigen Fällen verfallen die Vermögenswerte, die aufgrund einer Bestechung erlangt wurden, als ta^{c}zir-Strafe für den Bestechenden dem Staat. Hat der Bestechende durch die Bestechung eine Konzession erhalten, so wird diese ungültig.

Anmerkung 3: Die Strafe für den Versuch der Bestechung beträgt je nach Fall die dafür angedrohte Mindeststrafe. In den Fällen, wo für die vollendete Bestechung der dauernde Ausschluß aus dem Staatsdienst vorgesehen ist, tritt beim Versuch an deren Stelle ein dreijähriger Ausschluß, und wenn die durchgeführte Tat selbst eine Straftat darstellt, so wird auch zur Strafe für diese Tat verurteilt.

Anmerkung 4: Übersteigt das Ausmaß der Bestechung den Betrag von 200.000 Rial, so muß bei Vorliegen ausreichender Verdachtsmomente ein Beschluß zur Verhängung einer vorläufigen Untersuchungshaft von einem Monat verhängt werden. Dieser Beschluß darf in keiner Phase des Verfahrens abgeändert werden. Ebenso kann der Ressortminister nach dem Ende der Frist der vorläufigen Untersuchungshaft den Beamten bis zum Ende des Verfahrens und seinem endgültigen Abschluß vom Dienst suspendieren. Während dieser Suspendierung darf er in keinem Fall irgendwelche Rechte und Nebenleistungen erhalten.

Anmerkung 5: In jedem Bestechungsfall bleibt der Bestechende von der Vermögensstrafe verschont, wenn er vor der Entdeckung der Tat die Beamten von deren Geschehen informiert. Im Falle einer Konzession wird gemäß den Vorschriften verfahren. Wenn der Bestechende durch sein Geständnis die Verfolgung des Bestechlichen erleichtert hat, wird ihm bis zur Hälfte des

Vermögenswerts, den er als Bestechung hingegeben hat, zurückgegeben. Eine Konzession verfällt jedoch.

Art. 4 - Wer eine Bestechung, eine Unterschlagung oder einen Betrug mittels Bildung oder Leitung einer aus mehreren Personen bestehenden Organisation begeht, wird neben dem Verfall des durch die Bestechung erlangten beweglichen und unbeweglichen Vermögens zugunsten des Staates bzw. bei Unterschlagung und Betrug zur Rückgabe der genannten Vermögenswerte je nach Fall an den Staat oder an einzelne Personen, zu einer Geldstrafe in Höhe all dieser Vermögenswerte, zum dauernden Ausschluß aus dem Staatsdienst und zu Gefängnisstrafe von fünfzehn Jahren bis zu lebenslänglich verurteilt. Falls nach der Beweislage ein Verderbenstiften auf Erden vorliegt, werden die Strafen dafür verhängt.

Art. 5 - Jeder Beamte und Angestellte in Verwaltungen, Institutionen, Räten, Kommunalverwaltungen, Einrichtungen oder Handelsgesellschaften, die staatlich sind oder vom Staat abhängen, oder in Institutionen der Revolution, beim Rechnungshof oder bei Einrichtungen, die mit ständiger staatlicher Hilfe betrieben werden, jeder, der ein Amt in der Justiz, generell in den drei Gewalten, den Streitkräften oder den staatlichen oder nicht-staatlichen sozialen Einrichtungen innehat, der Gelder, Geldforderungen, Zahlungsanweisungen, Aktien, Wertpapiere und andere Vermögenswerte, die einer der obengenannten Institutionen und Einrichtungen gehören oder Personen aufgrund ihrer Amtsstellung anvertraut sind, zu seinem oder dem Vorteil eines anderen an sich nimmt und sich aneignet, wird als Täter einer Unterschlagung angesehen und folgendermaßen verurteilt:

Übersteigt der unterschlagene Betrag 50.000 Rial nicht, so wird der Täter zu sechs Monaten bis zu drei Jahren Gefängnisstrafe und sechs Monaten bis zu drei Jahren zeitweiligem Ausschluß aus dem Staatsdienst, und wenn es mehr als dieser Betrag ist, zu zwei bis zu fünf Jahren Gefängnisstrafe und dauerndem Ausschluß aus dem Staatsdienst verurteilt. In jedem Fall wird er zusätzlich zur Rückgabe der unterschlagenen Gelder und Vermögenswerte noch zu einer Geldstrafe in doppelter Höhe des Unterschlagenen verurteilt.

Anmerkung 1: Im Falle der vorsätzlichen Vernichtung wird der Täter außer zur zivilrechtlichen Haftung zur Bestrafung wegen Unterschlagung verurteilt.

Anmerkung 2: Geht die Unterschlagung mit der Fälschung von Urkunden oder dergleichen einher, so wird der Täter bei einem unterschlagenen Wert von bis zu 50.000 Rial zu zwei bis zu fünf Jahren Gefängnisstrafe und zu einem Jahr bis zu fünf Jahren zeitweiligem Ausschluß aus dem Staatsdienst, und wenn es mehr als dieser Betrag ist, zu sieben bis zu zehn Jahren Gefängnisstrafe, zu dauerndem Ausschluß aus dem Staatsdienst sowie in beiden Fällen zusätzlich zur Rückgabe der unterschlagenen Gelder bzw. Vermögenswerte zu einer Geldstrafe in doppelter Höhe verurteilt.

Anmerkung 3: Wenn der Unterschlagende vor Erhebung der Anklage alle unterschlagenen Gelder und Vermögenswerte zurückerstattet, erläßt ihm das Gericht die Geldstrafe ganz oder teilweise und setzt die Vollstreckung der Gefängnisstrafe zur Bewährung aus, die Strafe des Ausschlusses aus dem Staatsdienst wird jedoch vollstreckt.

Anmerkung 4: Der Mindestbetrag bei der Unterschlagung ist bei der Bestimmung der Strafen oder der Zuständigkeit der Gerichte davon unabhängig, ob die Tat in einem Mal oder durch mehrere Taten begangen wurde und erst dadurch der bei der Unterschlagung nötige Mindestbeitrag erreicht wurde.

Anmerkung 5: Übersteigt der unterschlagene Betrag 100.000 Rial, so muß bei Vorliegen ausreichender Verdachtsmomente ein Beschluß zur Verhängung einer vorläufigen Untersuchungshaft von einem Monat gefaßt werden. Dieser Beschluß darf in keiner Phase des Verfahrens abgeändert werden. Ebenso kann der Ressortminister nach dem Ende der Frist der vorläufigen Untersuchungshaft den Beamten bis zum Ende des Verfahrens und seinem endgültigen Abschluß vom Dienst suspendieren. Während dieser Suspendierung darf er in keinem Fall irgendwelche Rechte und Nebenleistungen erhalten.

Anmerkung 6: In all den genannten Fällen muß das Gericht bei Vorliegen von Strafmilderungsgründen in bezug auf die Mindestfreiheitsstrafe und je nach Fall die Mindestgrenze für den zeitweiligen Ausschluß aus dem Staatsdienst und den dauernden Ausschluß aus dem Staatsdienst die Vorschriften des Artikel 1 Anmerkung 1 beachten.

Art. 6 - Die Strafe für den Versuch der Unterschlagung ist je nach Fall das Mindestmaß der dafür festgesetzten Strafe. Stellt die ausgeführte Tat in sich schon eine Straftat dar, so wird der Täter auch zu der Strafe für die ausgeführte Straftat verurteilt.

Beamte werden zusätzlich zu den genannten Strafen, falls sie im Rang eines Generaldirektors stehen, darüber oder gleichrangig sind, zu dauerndem Ausschluß aus dem Staatsdienst, falls sie darunter stehen, zu sechs Monaten bis zu drei Jahren zeitweiligem Ausschluß aus dem Staatsdienst verurteilt.

Art. 7 - Bei allen in diesem Gesetz enthaltenen Straftaten, auf die Gefängnisstrafen stehen, wird der Täter, falls er einer der in diesem Gesetz genannten Amtsträger ist, vom Tag der Erhebung der Anklage an von seinem Amt suspendiert. Die Staatsanwaltschaft ist verpflichtet, die Erhebung der Anklage der betreffenden Verwaltung oder Institution mitzuteilen. Falls der Angeklagte durch rechtskräftiges Urteil freigesprochen wird, sind die Tage der Suspendierung als Dienstzeiten anzurechnen, und er erhält die Ansprüche und Nebenleistungen für die Zeit, für die er sie aufgrund der Suspendierung nicht erhalten hatte.

Art. 8 - Alle Institutionen, bei denen das Erfaßtwerden vom Gesetz die Nennung ihres Namens fordert, sind von diesem Gesetz umfaßt. Ferner sind alle diesem Gesetz entgegenstehenden Vorschriften abgeschafft.

Anhang 2

Gesetz zur Verschärfung von Strafen für diejenigen, die Banknoten fälschen oder gefälschte Banknoten einführen oder in Verkehr bringen vom 29. Farwardin 1368/18. April 1989[1]

Wer Banknoten, die im Inland in Umlauf sind, fälscht oder fälschen läßt oder im Wissen um die Fälschung in Verkehr bringt, wird, wenn er Mitglied einer Bande ist oder die Absicht des Kampfes gegen die Ordnung der Islamischen Republik Iran hat, zum Tode verurteilt.

Ebenso wird derjenige, der wissentlich und willentlich gefälschte Banknoten in das Staatsgebiet einführt, als Verderbenstifter zum Tode verurteilt, es sei denn, daß er weder Mitglied einer Bande war, noch die Absicht des Kampfes gegen das System hatte und vor Gericht festgestellt wird, daß er getäuscht wurde.

In anderen Fällen als denjenigen, bei denen die Täter aufgrund der vorstehenden Vorschriften zum Tode verurteilt werden, unterliegen sie den Strafdrohungen, die in Artikel 21 des Gesetzes über die islamischen Strafen (ta^{c}zīrāt-Gesetz) vom 18.5.1362 angedroht sind.

Erläuterung: In allen obengenannten Fällen wird zusätzlich zu den genannten Strafen aus dem Vermögen des Täters der Verfall eines Betrages angeordnet, der demjenigen entspricht, der durch die Fälschung oder das Inverkehrbringen von gefälschten Banknoten erlangt worden ist.

1 Veröffentlicht im Amtsblatt Nr. 12870 vom 21.2.1368/11.5.1989

Bei Fragen zur Produktsicherheit wenden Sie sich bitte an:
If you have any questions regarding product safety,
please contact:

Walter de Gruyter GmbH
Genthiner Straße 13
10785 Berlin
productsafety@degruyterbrill.com